똑똑

안녕 오빠!

어둡고 캄캄한 복도 안쪽으로 방이 일곱
개 있다. 그중 한 방에 있던 나는 노크
소리가 들리면 방문을 열면서 '안녕
오빠!'라고 인사를 하고 그 오빠를 모시고
온 삼촌에게 콘돔을 건네받는다. 그리고
방문이 닫히고 문을 잠근다. 이제부터 한
시간, 전쟁이다.

'오빠'라는 그 손님과 나는
담배 한 대와 커피 한 잔을
하며 잠시 이야기를 한다. 그
후 나는 바로 일을 준비한다.

목욕탕에 있는 세신대 같은 그것을
우리는 '물다이'라 부른다. 둘 다 옷을
벗고 물다이가 있는 곳으로 이동해
손님을 눕혀놓고 샤워를 시켜준다.
앞뒤로 비누칠을 해 항문까지 빡빡
열심히 씻기고, 손님을 똑바로 눕힌 뒤
아쿠아를 손님 몸에, 나의 몸에 바른다.
그러고 난 뒤 본격적인 나의 '일'이
시작된다.

개처럼 엎드려서 손님의 몸을
나의 가슴으로 손으로 혀로
만지고 핥고, 빨고, 손님이
만족할 때까지, 항문까지
핥아가며, 삽입은 하지 않고
그렇게 사정을 시킨다.
성공이다!

허리는 끊어질 것 같고 입도 너무 아프다. 다시 손님을 씻기고 기분이 좋아진 손님을 방으로 데려와 조금 쉬게 한다. 30분이 지났다. 남은 시간은 30분. 바로 또 침대에 눕혀 애무를 한다. 사정을 한 터라 발기는 잘 되지 않는다. 나만의 스킬로 세워야만 한다. 물고 빨고 핥고 내 음부를 보여주고 신음을 내며 간신히 세운다. 성공이다!

바로 콘돔을 끼우고, 삽입을 시작한다. 그렇게 '2차'를 한다. 건강하고 바른 정신으로 해도 바로 연달아 두 번 사정하기란 어려운 일이다. 그런데 내 방문을 열고 들어오는 이들은 대부분 술에 취해 정신이 없다.

그것밖에 못하냐?

이 손님도 술을 먹고 온 터라
바로 사정이 힘들다. 옆방에서는
언니와 손님이 싸우는 소리가
들리고, 또 옆방에서는 언니가
많이 힘들어하는 신음 아닌
괴음이 들린다. 아, 힘들다. 그때
방에서 전화벨 소리가 들린다.
주어진 한 시간이 되었다고
알리는 신호다. 더 열심히 해야
한다. 한 시간에 사정을 두 번
시키는 게 나의 임무인 것이다.
신음을 더 내고 다시 애무를
하고, 내가 손님 위로 올라가서
한다. 허벅지가, 허리가 터질 듯
끊어질 듯 아프다. 드디어 사정을
한다. 성공이다!

손님을 또 씻긴다. 머리를
감겨주고, 구석구석 깨끗이
씻긴 손님을 옷까지 입힌
후 카운터에 전화한다.
"모셔주세요." 손님을 데리고
나가라는 신호다. 1시간이
넘었다. 카운터에 손님이
밀렸으니 빨리빨리 하라고
재촉이 돌아온다.

다시 '똑똑' 소리가 들리고
삼촌이 손님을 데리고
나가면서 다시 콘돔 하나를
준다. 다음 손님이 있으니
준비하라는 신호다. 나는
사용한 콘돔을 깨끗이 씻어
삼촌에게 건넨다. 혹시나
단속에 걸리면 안 되는
물건이기 때문이다. 한숨
돌릴 새도 없이 곧바로 화장을
고치면 다시 소리가 들린다.

'똑똑'
또 한 시간이
시작된다.

#우리의_'일'

안마방 안마방 안마방 안마방 안마방 안마

#단속

하루하루 긴장을 늦출 수 없는 것은 단속이다. 방 입구 천장엔 빨간 사이렌이 달려 있다. 단속이 오면 소리는 울리지 않고, 빨간 불빛만 돌아간다.

항상 신경은 그 사이렌에 있어야 한다. 사이렌이 돌아가면 일단 손님에게 '이야기만 했다' 하라고 시키고는 삼촌이 준 콘돔을 챙긴다. 증거물을 없애기 위해서다. 사용하고 난 콘돔은 정액을 씻어내고 콩처럼 돌돌 말아서 숨겨야 한다. 급하면 입에 넣어 삼켜야 하는 경우도 있다. 한 번 삼킨 적이 있는데 목구멍에 걸려서 죽을 뻔했다.

사이렌이 돌면 손님과 나는 옷을 챙겨 입고, 방문을 열고 뒷문으로 도망을 간다. 도망가는 시간이 2분에서 3분을 넘기면 안 된다. 손이 떨리고 정신이 하나도 없다. 7개의 방에서 우르르 쏟아져나온 총 14명의 손님과 언니들이 혼비백산이다. 하루에 단속이 6번 나온 적이 있다. 미쳐버릴 지경이다. 돈을 벌어야 일수를 찍는데 그런 날은 꽝이다. 빚을 갚지 못하는 날이다.

안마방 안마방 안마방 안마방 안마

하루에 이렇게 적게는 6명에서 최대 10명, 11명까지 손님을 받는다. 최대 11번의 손님을 받을 경우 샤워를 22번, 애무를 물다이에서 바디 앞판 11번, 바디 뒤판 11번. 항문을 애무하고 방에서 마른 몸 애무를 앞뒤로 11번, 섹스를 11번, 총 물 빼는 건 22번이다.

저녁 6시부터 아침 6시까지 쉴 새 없이 씻기고 물고 빨고 몸으로 비벼가며 사정을 시키는 게 임무다. 아침 6시가 되면 캄캄하던 복도와 방들에 환하게 불이 켜진다. 눈이 아프다. 오늘도 끝이다. 이제 잘 수 있어 행복하다. 카운터에 돈 봉투가 올라온다. 오늘 내가 일한 돈을 받는 것이다.

손님이 지불하는 돈 18만 원에서 우리 몫은 8만 원이다. 손님을 11명 받았으니까 88만 원. 12시간 일해서 88만 원이면 큰돈이다. 그런데 언니들이나 나는 그 돈이 없다. 여기저기 사채 하는 사람들한테 입금을 해야 하기 때문이다. 5만 원이 남았다. 종일 해서 번 돈이 5만 원, 눈물 난다. 힘이 빠지고 밥맛도 없다. 살이 쭉쭉 빠진다.

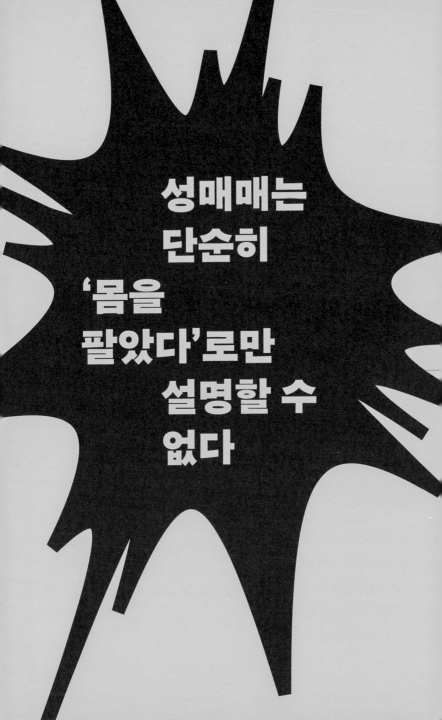

나는 성매매 집결지, 술3종에 있었다.

우선 광주 송정리에서 일하는 방식은,
술방에서 다 같이 자고 목욕탕도 다 같이
가고 휴대폰 금지에 2차는 모텔로 간다.
버는 돈은 매상의 10퍼센트였다. 1000만
원이면 100만 원이다. 보통 내가 올린
매상은 달에 평균 2000만 원 정도였다.
그러나 거기서 10퍼센트가 들어오지는
않았다. 업주는 별도로 손님 담뱃값,
노래방 신곡비, 노래방 기계 수리비, 안주
재료비, 수도세, 전기세, 방세를 걷었다.

다 같이 자는데 방세 40~50만 원, 손님이
놀다가 2차를 안 가면 그 방 들어간 애들
매상은 없다. 공짜로 술 먹고 놀아준
거다. 거기다가 마담 5퍼센트를 주고
나면 한 달에 받는 돈이 잘해야 20~30만
원이다. 이걸로 필요한 데 쓰다 보면 빚을
갚기는커녕 빚이 늘 수밖에 없다.

두 번째로 대전 유천동 같은 경우는 매상의 20퍼센트가 우리 월급이다. 2차를 가건 안 가건 까이는 건 없다. 하지만 유천동도 각종 공과금, 방세, 지각비 등등을 걷고, 마담 수고비를 50만 원씩 걷는다.

제일 심한 곳은 경기도 성남. 매상의 5퍼센트가 우리 수입이다. 유리방 밖에 전혀 나가지 못하고 나가는 날은 보건소에 가는 한 달에 하루뿐이다. 목욕탕도 못 간다. 맞은편 슈퍼도 못 간다. 그렇다 보니 병원은 꿈도 꾸지 못하고 아프면 '주사이모'를 통해 주사를 맞는다. 피를 토해서 병원 입원해도 이틀 만에 강제 퇴원을 시켰다.

야!
아파도
빚은
갚고
죽어라

손님이 잘 논다고 팁을 줘도, 손님이 2차 잘했다고 팁을 줘도 다 업주 주머니로 들어갔다. 손님이 노래 부르다 던져서 고장 난 마이크 값을 내가 업주에게 물어냈다. 손님이 업주에게 담배 시킨 값도 내가 냈다.

빚만 느는 나날이었다.

11

친구 없어?

아가씨 좀 데리고 와

18살 때 처음으로 다방에서
일하게 됐다. 소개소를
통해 들어갔다. 그곳은
지옥이었다.

오전 11시에 출근해서 새벽 3시까지 장사를 하는데
저녁 6시부터 '티켓'을 나가야 했다. 티켓을 끊는
손님이 없어도 무조건 6시부터 시간당 3만 원을
티켓비로 올렸다. 티켓이 안 나가서 배달 일을 해도
그냥 오후 6시부터 새벽 3시까지, 27만 원을 셈해서
그대로 내 빚으로 만들었다. 가게에 있으면서 배달
일을 해도 어차피 시간비가 올라가기 때문에 나도
아가씨들도, 그냥 가게 밖으로 나와 새벽 3시까지
시간을 때웠다.

운이 좋아 손님을 잡으면 입금을 받고
그렇지 않으면 그만큼 내 빚이 된다.
거의 달마다 800만 원 이상 빚이 늘었다.
여기 더 있다가는 죽을지도 모르겠다는
생각에 도망을 결심하고 배에 올랐다.
아…… 배에서 매점 하는 할머니가
다방 업주 시엄마다. 잡혀서 가게로
돌아왔다. 도망칠 수 없었다. 소개소는
연락두절이다.

무섭고 겁이 나 새벽에 소주를
마시고 죽기 위해 바다로
몸을 던졌다. 죽지 않았다.
눈이 떠졌고, 다방 홀 바닥에
나는 누워 있었다. 옆 가게
식당 사장이 날 건졌다고
했다. 다음 날 다시 바다로
뛰어들었고, 또 누군가에 의해
건져졌다. 죽을 수도 없는
곳이었다.

지금 그곳 섬이
아름답다며
관광객이
많다고 한다.

도망
못 가요.

죽지도
못해요.

의정부 맥양빠(방석집)에 팔려 갔다. 소개쟁이는
업주로부터 200만 원을 소개비로 챙겼다.
의정부 가게는 테이블 3개와 방 1개가 있는 작은
술집이었는데 내가 도착해 짐을 풀기도 전에 업주는
손님을 받으라고 했다. 방구석에 짐을 치워두고
옷만 갈아입고 바로 '일'을 시작했다.

손님방에 들어가서야 영업 방식을 알게 되었다.
테이블에서 술을 짝(1박스)으로 마시면서
스트립쇼를 하고 바로 그 자리에서 2차를 하는
곳이었다. 가게에 아가씨 숙소가 따로 없었다.
보증금 300에 월 30만 원의 허름한 방 한 칸을
얻었다. 가진 게 없어 방값과 생필품 살 돈을 업주가
줬을 땐 무척 고마워했으나 전부 내 선불금으로
차곡차곡 쌓였다.

월급은 30만 원, 손님이 와서 한 테이블에 맥주 한
박스를 시키고 2차를 하면 거기서 2만 원을 내가
받았고 만약 손님이 맥주 한 박스를 더 주문하면 1만
원을 더 받았다. 하루 10만 원도 벌기 어려웠다. 집과
가게는 택시로 이동했다. 택시비와 밥값이 하루
2~3만 원, 방세와 생활비, 공과금, 선불금 이자를
제하면 빚을 갚기는커녕 공과금도 월세도 충당 못
할 때가 많았다. 그 가게에서 6개월 정도 있었지만
방세도 밀리고 선불금도 갚지 못했다. 소개비를
뽑아내지 않으려고 안간힘을 써서 버텼을 뿐이다.

그래도 나날이 내 빚은 더 늘어났다.
6개월을 버티고 다른 곳으로 가겠다고
했다. 업주에게 그만둔다 말하자
계산부터 하자며 장부를 열었다.
6개월간 갖은 고생을 했는데 선불금은
400만 원 넘게 늘어나 있었다.

누가
일하고
누가
돈을 버는가

→ 6개월이 안 되어 그만두면
여성이 업주에게 소개비를
물어내야 한다.

방석집   방석집   방석집   방석집   방석

아저씨!

아저씨는
집에 와이프도
있으면서

이런 곳에
왜 오세요?

방석집 방석집 방석집 방석집

대답은 명쾌했다. "집에 있는
와이프는 맛이 없고, 맘대로
할 수도 없거든. 돈만 주면
젊은 아가씨들 내 마음대로 할
수 있으니까 좋다."

젊고 마음대로
할 수 있는 나.

내가 일하던 곳은 소위 '3종'으로
불리는 '휘파리' 업소였다. 나가서
휘파리(호객)로 손님을 잡는 곳이었다.

하루는 휘파리도 하지
않았는데 술도 안 취한
사람이 멀쩡히 가게로
들어왔다. 기본을 끊고도 돈을
얹어주었다. 나는 시작이
좋다고 생각했다. 다른
아가씨들이 그 손님을 피하는
게 싸하긴 했지만 별생각 없이
방으로 갔다.

방에서 그 손님은 내게 옷을 벗고
누워만 있으라 했다. 갑자기 무서웠다.
순간 내가 이 방에서 멀쩡히 나갈
수 있을까 두려움이 밀려왔다. 그때
손님이 가방에서 주섬주섬 두루마리
휴지를 꺼냈다. 그리곤 휴지에 침을
퉷퉷 뱉어 돌돌 말더니 나의 성기 쪽에
모자이크처럼 붙이기 시작했다. 마치
예술작품 하듯이 뗐다 붙였다 생난리를
하다가 시간이 다 되어 돌아갔다.

몹시 불쾌하고 수치스러웠다. 세상 모든
사람이 내 알몸을 보고 수군거려도 그
정도는 아닐 것 같았다.

그 뒤 휴지변태가 동네 골목
입구만 와도 바로 알아볼 수
있었다. 골목 입구에서부터
휴지에 침을 퉷퉷 묻히면서
들어오기 때문이다.

19

성구매자가 성매매 업소에
와서 하는 건 단순히
성행위만이 아니다. 왕
대접받기, 모욕하기, 온갖
판타지 채우기, 함부로
대하기, 욕하기, 돈 떼먹기,
때려보기…… 그리고 이때
벌어지는 상황과 폭력의
가짓수는 무한하다.

그들은 사람을
함부로 대하러
이곳에 온다.

2003년 늦은 여름. 모르는 전화번호로 전화가 왔다. 강남에서 일하는 마담이 서울에서 일할 아가씨를 찾는데, 지금 부산에 있으니 만나보라고 했다. 당시 친했던 언니한테도 연락이 왔다고 해서 같이 만나기로 했다.

어떻게든 테이블을 잘 보려면 나만의 장기가 있어야 했기 때문에 나는 살아남기 위해 춤과 노래로 밀고 나갔었다. 당시에 밴드할 때 랩을 하면서 춤추는 아가씨가 없었기 때문에 해운대에서는 꽤 유명했다. 그 마담이 말하길 그런 장기가 있으면 테이블에서 밴드할 때만 들어가도 하루에 100, 200은 기본으로 번다고 했다. 2차도 없단다. 부산에서는 공식적으로 '테이블 10에 2차비 30'이라는 게 있다. 근데 서울 텐프로는 공식적으로 2차가 없다고, 서울은 "고마우신 분 만나서 '들어앉는' 게 주목적"이라나 뭐라나 하여튼 "공사 쳐서 편하게 살아야 되지 않냐"며 우리를 꼬셨다. 그 자리에서 오케이를 했다. 같이 나간 언니와 맞보증으로 가기로 하고 우리는 서울로 갔다.

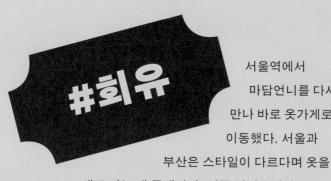

서울역에서 마담언니를 다시 만나 바로 옷가게로 이동했다. 서울과 부산은 스타일이 다르다며 옷을 새로 사는 게 좋겠단다. 명품 멀티숍이라는 마담언니 친구가 하는 곳에 우리를 데려가 여러 브랜드의 옷을 입혀보더니 마담이 마음에 드는 것을 골라 우리에게 사라고 했다. 돈은 신경 쓰지 말라고 했다. 앞으로 많이 벌어서 주마다 조금씩 갚으면 된다고 했다. 마담 친구 가게라서 특별히 외상도 주는 거라며, 그렇게 거기서 인당 500씩 쓰고…… 아니 외상을 하고 미용실로 갔다. 연예인들이 다니는 미용실이란다. 머리 드라이 5만 원에 메이크업 10만 원, 싸게 해준 거라고 했다. 룸에 들어가서 따로 받으면 머리 10만 원 메이크업 20만 원이라고, 미용실도 이제 여기만 다니라고 했다. 이어 소개받은 콜 차량비는 부산의 두 배였다. 부신 콜은 4000 원이었는데 강남은 만 원이나 받았다. 또 한 번, 앞으로 여기만 이용하라고 했다.

눈만
질끈
감으면
사고
집도

서울에 오니 움직일
때마다 돈이다. 마담언니는
"손님 레벨에 맞게 우리도 꾸미고
쓰고 다녀야 한다"고 했다. 그렇게 해서
돈은 언제 버나 하는 생각이 들었다.

바로 다음 날 오후부터 가게로
출근했다. 대기실에는 엄청 예쁜
언니들이 많았다. 주눅 들지 않으려고
센 척도 해봤지만 기죽는 건 어쩔 수
없었다. 우리는 '부산 촌년'이었다.
그렇게 첫 방을 들어가고 따블
따따블 쓰리따블 포따까지, 정신없이
뛰어다녔다. 여기저기 불려 다니며
독한 양주 스트레이트 잔을 들이키고
춤추고 노래했다. 양주를 주는
대로 희석도 하지 않고,
들어가자마자 한 잔
들이키고 잘했다고 또
한 잔 잘 먹는다고 또 한
잔. 출근 첫날 테이블만
8개를 보고 밴드하는 방
5곳을 돌았다.

차도
산다

그 정신없는 생활에
적응해가고 있었지만 매일,
내 몸이 내 몸이 아니었다.
전과 비할 수 없이 피곤했다.
손님들은 술 먹고 노래
부르면서 돈 버니 얼마나
좋으냐면서 비아냥거렸다.

출근 첫날 하루에 200만 원을 벌었는데, 시간이
지날수록 나는 점점 빚의 늪으로 빠져들었다. 서울
오면서 '품위 유지비'라며 떠밀리듯 산 것들과
각종 비용으로 빚은 이미 8천으로 늘어나 있었다.
위기감을 느낄 때쯤 사건이 생겼다.

　　　　강남에서 유명한 텐프로를 여러 개 갖고 있는
　　　　A회장은 마담이나 아가씨, 부장들에게 마이킹이나
　　　　싸인지(외상)를 많이 깔아주기로 유명했다. 그렇게
　　　　빚을 진 이들은 A회장이 소유한 룸살롱 건물 꼭대기
　　　　층 사무실에 자주 불려 다녔다. 담당 테이블 수가
　　　　적네 결근을 했네 외상 정리해라 등등 사사건건
　　　　간섭하고 주시했다. A회장은 빚진 이들을 골프채로
　　　　때릴 때도 있었고 재떨이를 집어던질 때도 있었다.
　　　　가게 안의 모든 눈이 CCTV가 되어 어떤 일이든
　　　　A회장 귀에 들어갔다. A회장이 누군가가 더는 이용
　　　　가치가 없다거나 놔두면 빚만 늘겠다 하면 그는 가차
　　　　없이 집결지나 안마소로 보내졌다.

그렇게 사람들이 하나둘씩 다른 곳으로 보내지는
것을 아는 빚 많은 마담이 어느 날 자살했다.
그리고 2주 뒤 싸인지가 많은 부장이 자살을 하고,
연이어 아가씨들이 자살을 했다. 경찰에서 사건
조사를 한다고 했지만 다 자살이라며 흐지부지
넘어가버렸다.

화려하고 고급스러운 강남 업소, 다른 1, 2, 3종
업소와는 다르다고들 하는 이곳은 무서운 곳이다.
철저하게 감시당하고 걸음마다 빚이 생기며 조금만
가치가 떨어지면 철저하게 버려진다.

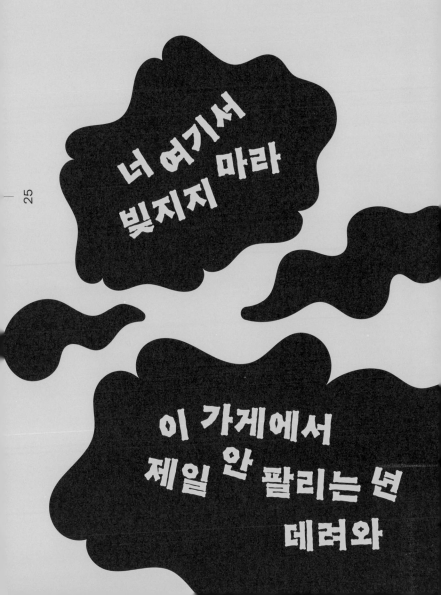

너 여기서 빚지지 마라

이 가게에서 제일 안 팔리는 변 데려와

일수가 나를 점점 더 옥죄기 시작했다.
첫 가게에서 매상이 떨어질 무렵 나는
가게를 옮겨야 했고 늘어난 선불금을
안고 다른 업소로 출근을 했다.

그렇게 1년을 지냈다. 처음 출근을
하면 며칠은 '매너 좋은' 손님에게
배정해준다. 하지만 사실 그런 손님은
없다. 강남은 '상위 10프로 손님'만
온다고 하는데 그 상위 10퍼센트 남자
인간도 다 똑같은 진상이다.

하루는 돈이 엄청 많은 사람이 왔다.
루이 14세라는 양주는 당시 텐프로에서
한 병에 1000만 원 하는 술이었다. 혼자
와서 아가씨 10명에 루이 14세 다섯
병을 까고 갔다. 마담은 봉 잡았지만
아가씨들에겐 결코 좋은 방이 아니었다.
술 취한 손님은 우리에게 막말을 하고
옷을 벗기고 물건 다루듯 주무르고 내게
스트립쇼를 강요했다. 다른 아가씨들도
있는 데서 나 혼자 옷을 벗고 춤을 추며
노래 부르는 것이 너무 수치스러웠다.

하지만 할 수밖에 없었다. 왜냐하면 나는 빚 많은 아가씨니까, 마담이 시키는 대로 해야만 했으니까. 이런 식으로 점점 옮길 가게도 없어지면 마담이 나를 안마로 보낼 생각을 하고 있다는 것을 알았다. 막다른 곳에 갇힌 것 같았다.

27

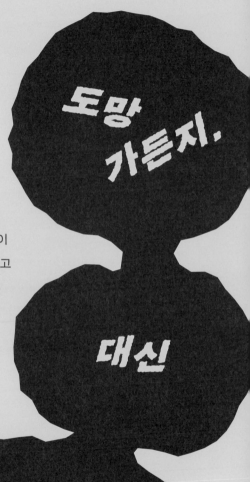

도망 가튼지,

대신

잡히면 알지?

나는 14살에 조건만남을
시작해 19살에 주점을
마지막으로 탈업했다.

14살 때 나는 처음으로 사랑을
했다. 상대는 나보다 3살
많던 오빠로 오빠도 나를
사랑한다고 했다.

"나랑 사귀려면
조건 해서
돈 벌어야 돼."

오빠가 말하는 '조건'이
무엇인지 알기엔 난 너무
어렸고 그냥 "알겠어"라고
대답할 수밖에 없었다.

인터넷 메신저를 이용해 오빠가 남자를
고르면 나는 오빠가 시키는 대로, 하라는
대로 했다. 무조건 하루에 기본 8명에서
12명, 오빠가 구매자를 구해오면 나는
나가서 '일'이라고 칭하는 그 짓을 했다.
저녁 7시부터 '일'을 구하고 처음엔
1시간에 13만~20만 원으로 5~7명을
상대하고, 새벽 2시부터는 구매자가 잘
구해지지 않기 때문에 '긴밤' 형태로 아침
7시까지 같이 있으면서 40만~60만 원
사이를 받았다.

하루에 적게는 90에서 많게는 150까지
매일매일, 오빠는 '적어도' 100만 원은
벌어야 한다며 나를 조종했다. 나는
빠르게 그것에 익숙해져갔다. 그 오빠를
만나면서 중학교도 그만뒀다. 수개월을
그렇게 '일'하는 동안 나는 10원 한 장도
받지 않았다.

매일 오빠가 주는 본드에 의존한 채, '일'을 하라고
하면 했다. 본드 기운이 떨어져갈 즈음엔 어김없이
다시 오빠가 본드를 줬다. 그렇게 나는 출근도
퇴근도 없이 방구석에 앉아 망가져만 갔다.

빠르게 몸이 망가졌고 더 이상 사는 게 사는 것 같지
않았다. 그만하고 싶다고 하면 돌아오는 대답은 "더
이상 날 사랑하지 않아?"라는 말이었다. 그러면
'그래도 오빠가 날 사랑하는구나' 믿었고 더 이상
불평불만을 하지 않았다.

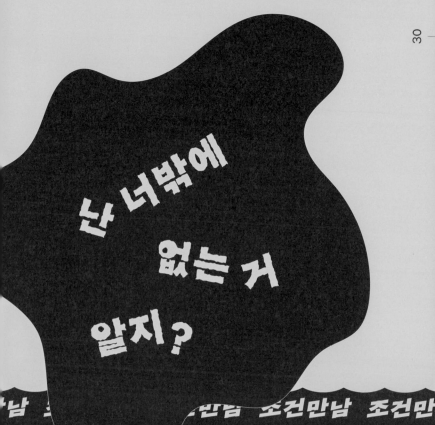

어느 날 '일'을 마치고
집으로 가던 길에 내가
'남자친구'라고 믿었던
오빠와 오빠의 전 여자친구가
내 집 앞에서 진한 스킨십을
나누는 모습을 보았다.
친구와 맞춘 거라던 반지도
그 언니와의 커플링이었다.
그마저도 내가 벌어다 준
돈으로 산 거였다. 더 이상은
하고 싶지 않았다.

14살의 나는 5개월 동안 본드, 담배, 술에만
의존하면서 지냈다. 어제 나눈 대화도 잘 기억하지
못할 정도로 중독 증세가 심각했고 항상 몸에 본드
냄새가 배어 있었다. 본드를 하고 나면 입맛이
없으니 음식을 먹기만 하면 토하기 일쑤였고 하루는
잠들었다가 정신을 차려보니 나흘이 훌쩍 지나
있기도 했다. 내가 기억하지 못하는 나흘간 나는
평소처럼 일어나 본드를 하고 밥을 먹고 친구들과
통화하고 '일'을 했다고 한다. 이렇게 더 있다가는
정말 죽을 것 같아서 엄마에게 털어놨다.

엄마는 많이 놀랐고 처음엔 믿지 않았다.
설마 14살짜리 딸이 그런 일을 하고 있을
줄은 꿈에도 몰랐을 것이다. 엄마는 내
휴대폰을 보고 나서야 믿었다. 그리고
오빠랑 오빠 친구를 경찰에 신고했다.

엄마와 내가 바란 건 처벌이 아니었다.
적어도 그가 나에게 한 짓이 무엇인지,
얼마나 큰 잘못인지만이라도 알았으면
했다. 그런데 경찰서에 신고가 들어가고
나서 나에 대한 얘기가 마치 술안주처럼
동네 전체에 소문이 났다.

내가 소문에 치여 허덕이고 있을 때 그
오빠는 고등학생이라는 이유로, 학교에
다니고 있다는 이유로, 전과가 없다는
이유로 기소유예 처분을 받았다.

같이 내게 '일'을 시키던 그 오빠 친구는
'보호관찰법 위반'으로 소년원에 1년간
있게 되었다. 그러는 동안 경찰은 나를
피해자보다는 '상대남'(성매매 남성)을
잡기 위한 도구로 대했다. 친구들
사이에서도 있기 힘들어졌다. 엄마와
나는 신고한 것을 후회했다.

성매매한 남자들을 잡기 위해서 나는
몇 년이나 경찰과 법원에 불려갔다.
대략 열 명의 남자가 잡혔는데 그들의
재판 때마다 나는 법원에서 진술을 해야
했다. 처음 재판이 있던 날 나는 공개된
증인석에서 그 남자들을 마주한 채
진술을 했다.

14살에 사건을 겪고 15살에 시작한
재판이 17살이 되어서야 끝이 났다.
누구는 벌금형을 받았고 재범들도
있다고 했다. 내가 한창 상대남들 때문에
경찰서와 법원을 들락날락하는 동안
나에 대한 소문은 꼬리에 꼬리를 물고
더해졌다. 내가 합의금을 많이 부르는
바람에 오빠 친구가 합의금을 못 내고
소년원에 가게 됐다고 사람들이 말했다.
나는 합의금을 제시한 적도 합의를
시도한 적도 없었다. 나는 사과를 바랐을
뿐이었다.

내가 남자친구라고 믿던 사람은 학교로,
그 사람의 친구는 소년원으로 자신의
자리를 찾아갔지만 나는 돌아갈 곳이
없었다. 바로 검정고시를 준비했고
합격했다. 하지만 고등학교에 갈 자신이
없었다. 학교의 모두가 나를 쳐다보는 것
같았다. 나는 도망쳤다.

탈출구가 필요했지만 뭘 해야 할지 감을
잡을 수가 없었다. 그때 친구가 일자리를
소개해줬다.

'노래방 도우미' 속칭 '보도'였다. 옆에서
술 따르고 노래만 눌러주면 된다고
했다. 그래서 출근을 하게 되었는데
어째서인지 보도방 삼촌은 나를 친구와
같은 업소에 넣어주지 않고 다른 30대
언니에게 일을 배우라고 했다. 나는
'일'이 끝나고 나서야 깨달았다. 삼촌은
나에 대한 소문을 알고 나를 시험한
거였다. 그때부터 나는 모든 것을
포기하고 수긍하게 되었다.

"그래, 이미 조건만남을
했던 내가 1차, 2차를
가리면 안 되는 거지."

그렇게 생각하게
되었다.

나는 내 본명보다 '연희'라는 가명에 익숙해졌다.
'연희'라고 하면 동네의 웬만한 업소에서 다 나를
알았다. 업주들은 내가 나이도 어린데 싹싹하다고
말했다. 열일곱이 스물둘이라고 속이고 업소에
들어가 손님들 비위를 맞추고, 업주와 마담에게
불평도 안 하고, 손님이 진상을 부리면 오히려
업주에게 '죄송하다'고 말하는 내가 그들의 눈에는
싹싹하고 예쁘다고 했다.

밤에는 업소에서 저녁 7시부터 아침
7시까지 일을 했고 퇴근 후 집까지
태워다 준 삼촌이 집 앞에서 기다리고
있으면 홀복을 교복으로 갈아입고
화장을 지우고 다시 삼촌 차를 타고
학교에 갔다. 나는 삼촌이 나를 굉장히
좋아해서 특별 대우를 해주는 거라고
생각했다. 나중에 알고 보니 그것은 다른
형태의 감금이었다. 나를 감시한 거였다.
고등학교에는 출석만 할 뿐 계속 잠을
잤고 학교가 끝나면 집에 가 씻고 화장을
하고 또다시 홀복을 입었다.

내 딸 같다.
딸 같아서
하는 말인데……

매일 밤 술 취해 이 사람 저 사람에게 내 몸을 맡기는 게 자연스러워졌다. 어리고 빛났던 나, 그 빛이 꺼져가는 걸 주변 아무도 눈치채지 못했다. 그냥 신경 쓰고 싶지 않았던 걸 수도 있다.

집에서조차 내가 돈을 어디에서 벌어 오는지 궁금해하지 않았다. 내가 사는 밥, 내가 주는 생활비, 내가 알아서 쓰는 내 용돈이 어디서 나오는지 묻지 않았다. 집에 일이 있을 때마다 돈을 주니 좋아했다. 나조차도 이게 내 진짜 모습이야, 난 지금 생활에 만족해, 너무 행복해, 그렇게 되뇌었다.

여자라면 누구나 달에 한 번 생리를 한다.
하지만 업소 여성은 그것을 한 달에 한
번 하면 안 된다. 처음엔 내가 생리를
하면 당연히 쉬게 해주던 삼촌도 점차
구박하기 시작했다. 물티슈로 밑을 막고
2차를 하라고 강요했다. 다들 그렇게
한다고 당연하다고 했다.

18살의 나는 더 이상 신입도 막내도
아니었다. 이미 나는 '퇴물'이 되고
있었다. 저항할 말도 힘도 남아 있지
않았다. 하루하루 몸은 망가졌다.
그곳에서 질염은 가벼운 감기 같은
사소한 일이었다. 나는 지쳤다. 그만하고
싶었다. 하지만 자신이 없었다. 이걸
그만두면 내가 무엇을 할 수 있을까?

업소에서 받은 돈을 삼촌에게 일정 부분 떼어주는 속칭
'찐떼'도 성인 언니들에게는 모텔 나가는 2차비 19만 원 중
4만 원을 떼어 가면서 나에게는 7만 원을, 룸에서 하는 2차비
10만 원도 언니들에게는 3만 원을 떼면서 나에게는 4만 원을
뗐다. 왜냐고 묻자 삼촌은 "너는 미성년자라서" 그렇다고 했다.
"나중에 단속 걸리면 삼촌 정말 감옥 가. 그러니까 너한테는
더 받아야지"라고 했다. 내가 얼마나 어리석고 바보였는지, 그
말을 듣고 "아 그렇구나" 하고 수긍했다.

삼촌의 누나는 경찰이었다. 단속이 시작되면 삼촌 누나가 항상 미리 말을 해주었고 덕분에 우리 사무실에서는 단속에 걸린 사람이 아무도 없었다. 그때 나와 같이 일하던 언니들은 다행이라고 얘기했다. 삼촌 누나가 경찰이라서 정말 좋다고 했다.

지금 생각해보면 경찰이 보도방 하는 동생 뒤를 봐준 것이다. '단속할 거니까 오늘은 아가씨들 출근시키지 마'라고 말을 해줬다. 그곳에서 나는 19살이 되었다.

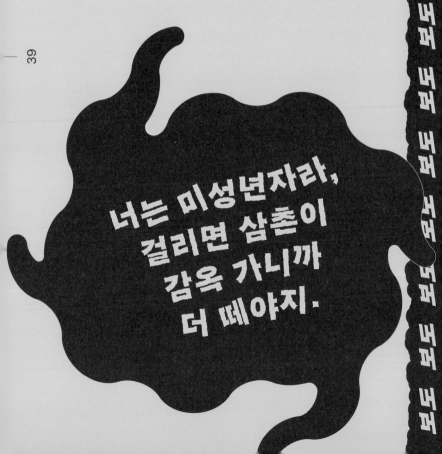

너는 미성년자라, 걸리면 삼촌이 감옥 가니까 더 떼야지.

몸이 안 좋았다. 매일 밤 쓰레기통을
붙잡고 지난밤 마신 술을 토해내는
게 일상이었고 머리를 감을 때마다
머리카락이 한 주먹씩 빠졌다. 매일
하이힐을 신고 이쪽 가게, 저쪽 가게를
뛰어다닌 탓에 인대가 항상 늘어나
있었다.

나는 아프지만 아플 수 없었다. 12월, 1월
연말연시는 삼촌들이 말하는 '피크'였기 때문이다.
제발 일주일만 쉬게 해달라고 삼촌에게 말해봤지만
돌아온 대답은 "연초에 재수 없게 도대체 왜 그러는
거냐, 장난하는 것도 아니고 내가 왜 네 편의를
봐줘야 되냐?"였다. 일요일 하루는 쉬게 해주던
것도 더 이상 없었다.

나는 점점 피폐해졌다. 해가 뜨지 않으면 잠을 잘
수 없었고 술을 마시지 않으면 잠을 잘 수 없었다.
낮에 혹여 외출이라도 하게 되면 얼굴을 꽁꽁 감싸고
나갔다. 항상 손님이 날 알아보지는 않을까, 내가
업소 여자인 것이 티 나진 않을까, 혹시라도 중학생
때 만났던 그 오빠의 친구들이 손님으로 오진
않을까, 주변에서 내가 업소에 다닌다는 것을 알고
"역시 쟤는 ▨▨▨ 오빠 이용한 거였네, 지가 좋아서
조건만남 한 거네"라고 생각하진 않을까⋯⋯ 이런
생각들에 사로잡혀 있었다.

생리가 세 달 동안 멈추지 않았다. 앉았다 일어나기만 해도 어지러워서 쓰러졌다. 세 달 내내 물티슈로 밑을 막고 2차를 했더니 소변을 볼 때마다 따갑고 너무 아팠다. 참을 수 없을 정도의 통증으로 번진 뒤에야 병원에 갔다. 병원을 거의 매일 다녔다. 갑자기 너무 무서워졌다. 이 생활을 하면서 백만장자가 된 것도 아닌데, 계속 이렇게 해도 되는 걸까? 지금 그만두지 않으면 20살이 넘고, 30살이 넘고, 40살이 넘어서도 계속 업소 생활을 하고 있지 않을까? 그 생각이 너무 무서웠다. 나는 일을 그만둬야 했다.

지금
멈추지
않으면

안 된다고
생각했다

그만둬야만 한다고 마음을 먹었을 때 그만해야 했다. 그렇게 마음을 먹은 뒤 생각을 해보니 당장 지금부터 출근을 할 필요가 없었다. '일 그만두겠다'고 삼촌에게 문자를 남긴 뒤 휴대폰 전원을 끄고 무작정 잠만 잤다. 학교에서 책상에 엎드려 자는 게 아닌, 침대에 누워서 이불을 덮고 자는 게 거의 1년 만이었다.

낮잠이나 쪽잠이
아닌, 진짜 잠.

휴대폰을 끄고 침대에 눕자마자 잠이 들었다. 한 번도 깨지 않고, 물도 밥도 안 먹고 화장실도 안 가며 30시간을 잤다.

1년
만의
잠

자고 일어나니 너무 개운했다. 그게 바로
행복이었다. 술을 먹고 토해가며 방금
남자에게 몸을 맡기고 받은 70만 원보다,
30시간의 잠이 훨씬 행복하다는 걸
알았다.

일어나서 휴대폰 전원을 켜보니 부재중
전화가 30통이 넘게 와 있었다. 문자함과
카톡에는 온통 욕뿐이었다. 삼촌은 나에게
'다른 가게에서 일하다가 걸리는 순간
죽여버리겠다'고 했다. 내가 삼촌에게
빚이 있는 것도 아닌데 왜 다른 가게를
가면 죽인다고 하는 걸까? 아직도 이해는
가지 않는다.

성매매를 하던 때 나는 피해의식에
사로잡혀 대낮에도 잘 돌아다니지
못했다. 지금의 나는 아니다. 내가
성매매를 했던 것이 창피하지 않다.

░░░░░라는 섬으로 가게 됐다. 선불금이 있는
탓에 온갖 수치스러운 말을 다 들으며 그곳으로
보내졌다. 택시도 없는 작은 마을이었다. 도착한
첫날 '업주엄마'가 동네 파악하라며 나를 밖으로
내보내줬다. 고마웠다. 빚도 있는 날 어떻게 믿고
혼자 내보내주나, 스스로 그렇게 생각하며 고마운
분이라 여겼다. 수산시장을 지나니 등대가 있었다.
그리로 향하는 나에게 시장에서 일하는 아저씨가
말을 걸었다.

"너구나? 수다방 막내."

　　　　　　　　　멈칫했지만 영업용 웃음으로 대답했다.

"네네, 내일부터 출근이에요."

　　　　　　　　　지나쳐 걸으면서 한참을 생각했다. '내가
　　　　　　　　　다방에 다니는 사람처럼 생겼구나. 티가
　　　　　　　　　나는구나.'

등대를 보고 돌아오는 길에 다시 마주친
아까의 아저씨에게 눈인사를 하고, 밥을
먹으러 갔다. 음식이 나와 먹고 있는데
'업주엄마'에게서 전화가 왔다.

"아가, ▒▒식당에 있다면서?
밥 먹고 바로 들어와. 춥다."

따뜻한 분이라고 생각했다. 그때는
몰랐다. 내가 어디에서 무엇을 하고
있는지, 나를 감시하는 사람이 그 섬의
모두인 것을 그때는 몰랐다.

섬에 첫 출근을 하고, 첫 배달이 들어왔다. 그날은
아직도 기억난다. 비가 많이 왔고, 주문은 커피 세
잔, 배달지는 ▒▒배였다. 배 여섯 척을 건너 일곱
번째 배라고 했다. 7번, 7번, 7번을 되뇌며 한 척씩
지나쳤다. 한 손에 쟁반을 들고 다른 손에 우산을
들고, 비가 쏟아지는 중에
미끄러운 배 위를
아슬아슬 넘어가는
두려움은 정말이지
겪어보지 않으면
모를 것이다. 배 한
척 한 척이 내는 소리는

#감시

어쩜 그리 크던지, 출렁거리는 선상이
얼마나 어지럽던지. 7번, 7번…… 넘어가면서
그물에 걸리고 바늘에 다리를 긁혔다. 순식간에
미끄러져 다음 배에 오르지 못할까 봐 쟁반을 손에
꼭 쥐고 7번 배에 도착했다.

섬섬섬섬섬섬섬섬섬섬섬

시킨 것을 풀어놓으며
"너무 무서웠다"고 어색한
웃음으로 이야기하자 배에
있던 손님이 "너 돌아가다가
빠져도 소리도 안 들려,
조심해" 했다. 나는 아직도
그 배 배달을 잊지 못한다.
무서웠다. 거기서 배달을
시킨 인간들도 끔찍하다.

46

여기서
죽어도
아무도
책임 안 져

그 섬에서 나는 정말 열심히
일했다. 선불금을 빨리
갚겠다는 생각뿐이었다.
내가 빚이 있으니까 업주에게
대접을 받지 못하는 거라고,
그래서 열심히 일했다.
업주가 원하는 대로, 하루에도
'올(all)'을 몇 번이나 끊어서
돈을 갚았다. 하루 종일
부르는 대로 불려다녔다.
2차가 끝나면 손님에게 온갖
아양을 떨어 '올비(하루
영업비)'를 받아 곧장 가게에
입금하고 다시 배달, 다시
2차, 이렇게 매일 반복됐다.
2차를 갔다 오면 업주는 팁을
숨겼을까 봐 내 팬티까지
뒤졌다. 처음 그 짓을 당하고
나서는 팁을 곧장 모두
업주에게 주었다.

가게 안 숙소에서 자는 일은
거의 없었다. 아니 잘 수
없었다. 어쩌다 2차가 없는
날 숙소에 누워 자려고 하면
새벽 2시든, 4시든 업주가
쫓아와서 귀에다 속삭였다.

"오늘은 ░░░░오빠가 나오지 말래?"
"░░░░오빠는 연락 안 왔어?"
"저번에 나가서 대체 어떻게 했길래
오라는 소리를 안 해?"

듣다 듣다 소름 돋고 지겨워서
새벽에 어디로든 나갔다.
손님을 불러 술을 마시면
손님이 돈을 주었고, 너무
졸려 모텔을 잡고 자면 내
돈으로 올비를 메꿨다.

어느 날부터 소화가 잘
되지 않았다. 밥을 먹다가
토하기를 반복하니까 업주가
내 숟가락과 젓가락을 뺏고,
먹던 밥그릇까지 모두
빼앗아버렸다. "배고픈데
체했으면 며칠 굶는 것도
방법이야"라면서 그 뒤로
밥을 주지 않았다. 그러고도
심하게 계속 구역질을 하고
어지러워하니 다방에서 40분
거리 읍내에 있는 병원에
데려가주었다.

"임신 가능성은 없나요?"

의사의 물음에 업주는 없다고
했다. 나도 그런 일은 없다고
생각했다. 성에 대해, 성관계
자체에 대해 나는 아는 게
없었다.

그 무렵 어느 땐 삼겹살이 너무너무 먹고 싶고 또
어느 땐 초밥이 너무너무 먹고 싶었다. 섬에 오기
전 함께 일했던 언니가 근처 다방에서 일하고
있었는데, 언니가 읍내에 시간(티켓)을 나갔다
오는 길에 나를 불렀다. 미리 사둔 초밥을 먹여주고
시간도 끊어줬다. 업주가 내게 밥 안 주는 걸 알고 날
챙겨준 것이다. 꼭 지명 배달로 나를 불러서 "커피는
됐고 밥 먹고 가"라며 나를 챙겨줬다. 오토바이를
쌩 타고 가서 언니를 만나 급하게 초밥을 먹고 오다
다시 토하기를 반복했다.

어느 날 모텔에서 지명 배달이 들어왔다. 모르는
남자였다. 모텔로 가보니 언니였다. 언니가 모텔로
시간 나왔다가 손님에게 대신 지명 배달을 부탁한
것이다. 그리고 언니가 내민 건 임신 테스트기였다.
그걸 손에 쥐고도 나는 임신했을 리는 없다고
생각했다. 콘돔을 사용한 적도 없는데 그냥 당연히
아니라고 생각했다. 테스트 결과 임신이 맞았고,
언니가 주문해준 밥을 먹고 가게로 갔다.

가게로 돌아온 나는 눈치를 보다가 울면서 말했다.
"엄마, 저 임신한 것 같아요. 죄송해요."
업주는 나를 구석으로 몰아넣고 크게 소리를
질렀다.

"너 때문에 그동안
장사가 안 됐네!"

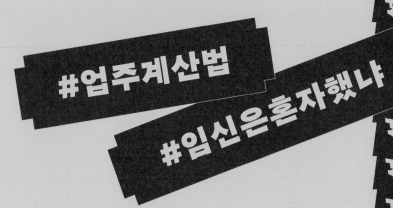

다 나 때문이니까 물어내라고, 평생 이 섬 방향으로는 오줌도 싸지 말라며 입에 담을 수조차 없는 욕을 해댔다. 평소 알던 업주의 모습이 아니었다. 나는 계속 "죄송하다" "그만두겠다"는 말만 반복했다. 그땐 정말 다 내 잘못이라서 그만둬야 할 것 같았다. 업주는 그때부터 계산을 시작했다. 내 계산으로는 내 선불금은 이미 다 갚았고 받아 갈 돈이 있었기 때문에 그 돈을 받으면 임신중절수술을 하려고 했다. 그런데 업주는 전혀 다른 방식으로 계산을 했다. 그게 아니라고 말해도 내 말엔 무조건 욕으로만 대꾸했다. 어리둥절하게 있으니 400만 원가량을 내놓으라고 했다. 말도 안 되는 계산이었다. 그동안 장사가 안 된 것과 밤에 숙소에서 잔 값 등, 약속과는 전혀 다른 방식으로 계산을 했다.

#업주계산법

#임신은혼자했냐

→ 업소에서 장사가 안 되면 가게에 임신한 아가씨가 있어서라는 미신이 있고 임신한 여성에게 책임을 물으며 액땜을 핑계로 내보내거나 그동안 장사가 안 됐다는 빌미로 빚을 지우는 등 책임을 묻는다.

섬 섬 섬 섬 섬 섬 섬 섬 섬 섬 섬

그날 밤 어떻게 밖에 나갔는지 기억이
나지 않는다. 챙겨주던 언니가 짐 몇
개만 챙겨 나오라고 했다. 내려가니
차가 있었고 차에는 언니와 언니 손님이
타고 있었다. 그 손님이 뜨내기, 즉 동네
사람이 아니었기에 언니를 도와줄 수
있었을 것이다. 손님과 언니는 나를
태안 터미널까지 데려다주고 언니가 내
손에 몇만 원을 쥐여주었다. 그 돈으로
버스를 타고 택시를 타고, 누가 쫓아오진
않을까 숨어 숨어 이곳까지 빠져나왔다.
잘 기억도 나지 않을 만큼 너무 두려운
순간이었다.

언니는 그 뒤로도 한 달에 한 번 두 달에
한 번 찾아와 내게 용돈도 주고 맛있는
것도 사주었다. 크리스마스면 선물도
챙겨주었다. 그러다 어느 순간부터
연락이 되지 않는다. 언니는 잘 지낼까.

53

내가
불쌍한
사람이라는
말을

하고 싶은
것이
아니다

생에서 가장 더러웠던 곳,
제일 사람 취급 못 받았던
곳, 나 스스로 삶을 포기하게
만들었던 곳.

이 다방은 홀에서 차를
마시거나 배달을 하거나
노래방 등에서 티켓을 끊는
것이 주가 아닌, 2차를 하기
위한 일명 '떡다방'이다. 이곳
손님들은 성 구매를 위해
다방에 배달을 시킨다.

손님에게 10만 원을
받고 2차를 하면 업주와
'반띵'이다. 그런데 카맨비
재료비(커피 등)까지 내
몫에서 떼어 난 10만 원 중
3만 원을, 업주는 가만히
앉아 7만 원을 번다.

#고사비

#제사비

명절엔 평소보다 손님이
많다. 아가씨들은 정신없이
'일'을 하고 업주는 우리를
생각해서라며 아가씨들
조상 제사를 지내준다. 그
제사비는 내 빚이 된다. 다방
장사 잘되게 해달라고 고사를
지냈다며 고사비를 내도록
하기도 했다. 명절에 돈을
벌겠다고 우리를 내돌리면서
따로 제사비까지 물리다니
지금 생각해도 끔찍한
곳이다. 그때도 속으로는
'지들이 뭔데 우리 조상
제사를 지내?' 생각했지만
나는 군말 없이 절을 했었다.

2차를 계속하니 질에 염증이 생겨 2차를 할 수 없는
상태가 됐다. 하루 쉬겠다고 했더니 업주가 질정을
박스째 가지고 와서 "연고랑 질정 여기 둘 테니
이거 써. 바르고 넣으면 괜찮아"라며 일하라 했다.
빚이 있고 그것을 갚아야 하는 나는 시키는 대로
연고를 바르고 질정을 넣고 '일'했다.

결국 밑이 찢어지고 염증이 더 심각해지자 업주는
온갖 욕을 다 하면서 쉬게 해줬다. 다시 출근해 그
'일'을 해야 한다 생각하니 끔찍했다. 좀 더 쉬고
싶었다. 업주에게 전화해 결근비 50만 원을 내일
입금하겠다고 말한 뒤 전화기를 끄고 모텔에 방을
잡았다.

혼자 방에 들어가니 하염없이 눈물이 났다. 몇
시간을 울었는지 모르겠다. 그리고 생각했다.
이렇게는 살아도 사는 게 아니다. 죽기로 했다.
내가 여기서 나갈 방법은 죽는 것뿐이다. 그렇게
마음먹고 나니 일분일초도 더 살기 싫었다. 자살
시도를 했고 실패했다. 경찰에 발견되었고 병원에서
날 살려버렸다.

수술이 끝나고, 업주가 와서 말했다. "오늘 하루
쉬고, 내일 출근해." 충격적이었다. 경찰도 내가
왜 이렇게 되었는지 묻지 않았다. 나는 봉합된
손목으로 떡다방으로 돌아갔다.

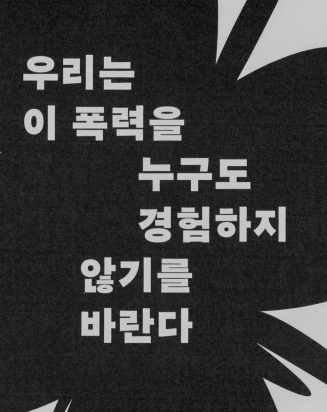

우리는
이 폭력을
　　누구도
　　경험하지
않기를
바란다

떡다방　떡다방　떡다방　떡다방　떡다방

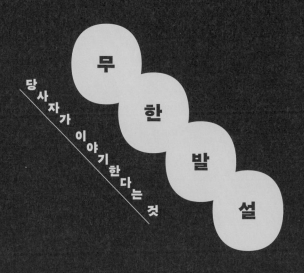

무한발설

당사자가 이야기한다는 것

성매매 경험에 대해 누군가에게 말한다는 것은 결코 쉬운 일은 아니다. 수만 번 나의 성매매 경험을 떠올리고 수만 번 속으로 되뇐다. 처음에는 당사자들끼리 모여 이야기했고, 그 뒤에는 가까운 사람들에게만 해왔던 일이다.

말하고 싶은 것은 "나 불쌍한 사람이에요"가 아니다. 뭉치가 지난 십수 년 동안 이야기를 계속해온 건 아무도 우리와 같은 경험을 하지 않기를, 네가 성매매를 선택했으니 알아서 책임지라 말하는 세상이 바뀌기를, 성매매라는 꼬리표에 인생을 담보 잡혀 살지 않는 세상을 꿈꾸기 때문이다.

2006년 뭉치가 모이기 시작한 이후 우리끼리 있는
자리에서 안전하게 감동을 나눈 우리는 어떻게 하면
꾸준히 만나고 목소리를 낼 수 있을지 고민했다.
'반성매매운동이 성매매 여성에 대한 낙인을 없앨
수 있는가?'라는 의문은 끝도 없이 우리를 불안하게
했다. 하지만 우리가 바라는 세상을 위해 우리의
경험을 꺼내놓으며 그 의문의 답을 우리 스스로
만들고, 우리만의 방식으로 활동 방법을 찾아갔다.

'증언' 형식의 발화는 어떤 자리에서든 불편할 때가
많다. 내 존재가 그저 사례가 되는 것 같은 느낌이
드는 것이다. 하지만 증언은 매우 중요하다. 증언이
유쾌하지 않았던 이유는 우리의 문제를 스스로 해결할
수 없다는 무기력감 때문이었던 것 같다. 늘 누군가의
입을 빌리는 기분이 들었던 것이다. 변화의 주체가
되지 못하는 기분은 스스로를 소진되게 만든다.
증언자와 반성매매 경험 당사자 활동가의 차이는
분명히 존재한다. '뭉치'가 하려는 것은 증언이 아니라
'발설'이다. 우리의 경험을 재해석하고 함께 논쟁하며
문제 해결에 대한 답을 제시하는 것까지를 포함하는
발설을 하려는 것이다.

왜 이야기하는가?

세일　성매매에 대한 세상의 이야기 속에 우리의 존재가
보이지 않는 것이 갑갑했어요. '당사자'라 하면
'성노동'을 주장하는 몇몇 사람의 얘기만 부각되고
'성매매'를 반대하는 우리는 "불쌍하거나, 나쁜
것들"이라는 식으로만 보려고 하는 게 화가 나요.
뭉치는 우리 존재만으로 사람들과 만나서 얘기하고
싶었어요. 우리가 앵무새처럼 누군가의 목소리를
흉내 내는 사람들이 아닌 거칠고 성난 당사자의
목소리를 가지고 있는 사람들이라는 걸 보여주고
싶었어요.

이로　답답할 때가 정말 많았어요. 성매매방지법이
위헌소송 제청된 것 가지고 토론을 하는 곳에
갔었어요. 공창제를 주장하는 쪽 패널이 "여성들이
원하지 않느냐"면서, '성노동' 주장하는 여성의
얘기를 계속하는 거예요. 그래서 제가 그 여성들
얘기 말고 본인 생각을 얘기하라고 하니까
"법률을 정할 땐 소수자들을 생각해서 그들에게
뭐가 좋을지를 생각하는 거지, 왜 내 얘기를 자꾸
물어보냐"고 하는 거예요. 어떤 사람이 인터넷에
공창제에 대한 의견을 묻는 게시판을 열었더니
'여성들만 괜찮으면' 성매매 자체를 비범죄화하는 게

낮다고 하는 사람들이 많더래요. 그리고 여성들이
처벌받지 않으면 당연히 남자(성구매자)도 처벌받지
않아야 된다고 이야기하는 거죠.

당당   '사람들은 자기가 듣고 싶은 이야기만 듣는구나'
그런 생각 들었어요. '성노동'을 주장하는 친구들
얘기는 당사자 얘기라면서 모두 홀린 듯이 듣잖아요.
반면 그 반대의 얘기는 무조건 일부 특수한
경우라고, 너희가 여성운동 단체 안에 있으니 그렇게
얘기한다고 하고요. 그동안 우리 쪽 이야기가
없었던 게 아닌데 '당사자 얘기'를 정말 선택적으로
내보내요.

세일   또 기자들은 어떻게 맨날 카메라를 숨겨 가지고
들어가서는 다리만 마구 찍고 여성들 춤추는 거
나오고, 모자이크하거나 음성 변조해서 "빚 있어?"
물으면 "아니, 빚 없어" 대답하는 거 나오고. "2차
나갈 수 있냐?" "얼마 버냐?" 이런 거 묻고, 키스방
가서 타이머나 찍고 성매매 알선 구조나 사회 구조적
문제는 말하지 않고요.

이도   그 앞에서 정말 내 문제를 이야기할 수 있겠냐고요.
몰래카메라나 찍는데.

세일   처음 보는 사람한테.

오리   그렇게 해서 비쳐지는 여성들의 모습은 결국
       동일해요.

세일   예전에는 고개 숙인 성매매 여성들이었다면 지금은
       성노동을 이야기하는 당당한 여성들인 것처럼, 그
       여성들이 모두 원해서 하고 있는 것처럼.

오리   좀 의식 있다고 여겨지는 사람도 성매매 관련한
       인터뷰나 칼럼 보면 무책임하게 쓸 때가 많아요.

이도   내 경험과 너무나 다른 주장을 하는 사람들 보면
       답답할 수밖에 없어요. 물론 내 경험이 모두를
       대표한다고는 생각하지 않아요. 오히려 그렇게
       보일까 조심스러워서 거침없이 이야기하는 걸
       늘 주저하게 되죠. 우리의 주장을 받아들이기
       싫은 사람들에게는 이미 편견과 낙인이 있어요.
       그래서 인터뷰할 때도 굉장히 부담스러울 수밖에
       없어요. 내 얘기를 달리 해석하거나 일반화할까 봐
       걱정되니까요. 검열 없이 편하게 우리 '힘'을 가지고
       우리'식'대로 이야기하는 자리가 필요해요.

자발 / 비자발 따위는 없다

우주 현재 성매매방지법은 '성매매된 자'라는 개념을 사용하면서 '자발'일 경우 처벌을 하고 스스로 원하지 않은 사람—'비자발'이라고 일단 표현한다면—과 나누고 있어요. 그런데 이게 참 애매하죠. 위계, 위력에 의해 성매매를 하게 된 사람을 성매매 피해자로 규정하는데 그 범위를 어디서 어디까지로 보느냐가 문제이고, 또 자의적 해석에 좌우되는 경우가 많아서 어떤 법집행기관을, 어떤 사람을 만나느냐에 따라 너무나 다른 판단이 가능해져요. 그리고 많은 사람이 "자발적으로 하는 성매매가 뭐가 문제냐"고 이야기하고 있고요. 본인들이 원해서 한다는 건 그게 할 만한 거니까 한 거고 본인 선택이니 본인이 책임져야 한다는 의미도 있는 것 같고요. 여기에 대해 이야기를 해볼까요.

이로 '왜 성매매를 시작했냐'는 질문은 '네 발로 거기에 들어가지 않았냐'는 의도를 가지고 물어보는 것 같아서 기분 나쁠 때가 많아요. 그 사람들이 원하는 답도 '본인이 원해서'라는 거겠죠. 사람들은 성매매가 사회적 문제고 성매매 확산에 자신도 책임이 있다는 사실을 직면하고 싶지 않아서 성매매를 여성 개인의 문제로 돌리고 싶어해요.

"왜 성매매를 하게 됐어?"라고 하면 구조적 문제는
사라지고 오로지 개인의 불행, 사연만이 보이게
되잖아요.

이도　그런 질문에 대답할 때 스스로 변명을 하는 듯한
느낌이 드는 거죠. 사실 성매매를 하고 싶어서 했든
돈을 벌기 위해서 억지로 했든, 하게 되었잖아요.
계기와 상관없이 성매매 자체의 문제를 말하는데
마치 '하고 싶어서 했다'라고 하면 그 뒤의, 성매매
현장의 문제는 없어지기라도 하는 것처럼 굴어요.

우주　개인의 상황은 각자 다 다르잖아요. "만약
가정폭력을 안 당했다면" "그때 성폭행을
당하지 않았더라면" "나를 판 남자친구를 만나지
않았더라면"이라고 말하지만 그 모든 경우의 수가 다
제거될 때 성매매 현장에 안 가게 된다는 건데, 그런
경우의 수가 얼마나 다양하겠어요. 성매매 업소에
들어가는 것이 본인들이 느끼기에 자연스러운
과정이었나요?

세일　난 업소에 처음 들어갈 때 고민 안 했어요. 고민은
여러 가지 가운데 내가 선택할 수 있을 때 고민이
가능한데 내 상황에서는 그럴 여유가 없었죠. 그냥
결심하는 거예요. 15살에 가출하고 집으로 돌아갈

수 없는 상황에서 업주한테 헌팅당했거든요. 내가 가출한 걸 알고 있는 업주가 "우리 가게에서 일하자" 하는데 돈도 없고 배도 고파서 들어가게 됐죠. 거기 가서 내가 하게 되는 게 '성매매'라는 건 몰랐죠. 처음 시작할 때 내가 본 건 '돈'도 '성매매'도 아니었어요. 그냥 갈 수 있는 곳이 거기밖에 없었어요. 그런데 들어가서 시키는 대로 하고 또 업소를 옮기면서 선불금이 생기고 빚이 늘고 이러니까 돈만 보이게 되는 거죠. 그 상황을 만든 건 내 책임이라고 생각하기 때문에 당연히 나는 자발적으로 그 일을 하는 거라고 말했어요. 돈이 오갔기 때문에 비난과 책임은 나에게 있다고 생각했고요.

이도 나는 업소에서 일하는 친구 보증을 섰어요. 그 업주가 찾아와서 친구가 빚을 못 갚았으니까 네가 대신 일하라고 했죠. 내가 일을 못 하면 당장 돈을 내놓아야 한다는데 무서운 거예요. 업주가 집안에 쳐들어와서 얘기하고 있는 상황에서 내가 선택할 수 있는 건 당장 돈을 갚든지 일을 하든지 두 가지밖에는 없었어요. 나도 그때 세일처럼 성매매에 대해 구체적으로 생각하지 않았어요. 업소에서 어떤 일이 벌어지는지도 몰랐죠. 그냥 몇 시간 같이 놀아주면 돈을 번다고 듣고 갔거든요. 그런데 성매매를 해야 한다는 걸 알았다 해도 그 상황에서 선택지는 달리 없었어요.

당당 나는 중학교 2학년 때 폭행 사건에 휘말려 학교를
그만두게 됐는데 구박하고 욕만 하니까 너무
싫었어요. "저 날라리 같은 게, 결국 학교도 안 가네"
이런 소리가 너무 싫어서 스스로 무엇이라도 해서
돈을 벌어야겠다는 생각을 했어요. 막상 찾아보니
15살 나이에 내가 할 수 있는 일이 없었던 거죠.

오리 저는 정말 결심을 해야 했어요. IMF 때 정리해고로
집도 완전히 망해서 살고 있던 집에서도 나와야
했고 그때 카드빚이 많은 친구랑 정보지를 봤어요.
정보지에 항상 나오잖아요, '월 300에 숙식 제공'.
그래서 연락해서 커피숍에서 만난 사람이 미아리와
광주에 업소를 가지고 있던 업주였던 거예요. 돈을
빨리 벌고 싶냐고 하더라고요. 당연히 빨리 벌어서
그만두고 다른 거 하면 되겠지 생각하고 갔는데
도저히 못 하겠어서 돌아왔어요. 그런데 그때
남자친구가 있었는데 '노래방 도우미'를 가라고 하는
거예요. 매일매일 돈을 주니까 두 달 정도 했어요.
그랬더니 남자친구가 좀 더 안정적으로 일을 하자고
하는 거야. 남자친구가 성매매 업소로 경로를 밟아준
거죠. 그 시기에 의지할 사람이 없으니까, 하자는
대로 한 거예요. '음악홀'이라는 곳을 샀어요. 일종의
룸살롱 같은 곳인데 그러면서 시작된 거죠. 처음엔
테이블 서비스만 하겠다고 했는데 빚이 조금씩

늘어나니까 2차까지 나가게 됐어요. 2차 나간다고
남자친구한테 엄청나게 맞고.

이로   때리기는 엄청 때리고 돈 벌어오면 같이 쓰고, 욕은
욕대로 하죠.

오리   그때는 제대로 판단을 할 수 없었어. 2차 간다고 날
때리면 나를 너무 아껴서 그런다고 생각했죠.

이로   우리가 판단을 제대로 하고 안 하고의 문제가 아닌
거야. 사람이 불리한 상황이 되면 좋은 쪽으로
생각하려고 하는 게 있잖아. 지금 와서 얘기하면
'그때는 우리가 미쳤었지' 하지만 그때 당시에는 나를
보호하기 위한 선택이 그거였던 거예요.

업소에도 급이 있다는 말

이로   난 처음부터 집결지에 있었기 때문에 나중에
룸(룸살롱이라 불리는 유흥주점)에 갈 때 나이가
어린데도 대우가 다르더라고요.

오리   다들 집결지를 막장이라고 생각하는 게 있죠. 일

시작하고 나서 룸에서 일하던 언니들이 사오천씩 빚 갚고 집결지로 오는 거 보면서 나는 저렇게 되면 안 되겠다고 생각했었지.

세일 룸에 있을 때는 다방에 있었다고 얘기하지 말라고 하고, 다방에 갈 때는 룸에 있었다고 이야기하죠. 나름의 계급이 그 안에 있었던 거예요.

이도 난 계속 룸에만 있었는데 일수쟁이(사채업자)들이 터키탕 같은 곳에 아가씨들 보내고 그랬어요. 룸에 있으면 그런 곳은 전혀 상상이 안 되는 거죠. 나도 똑같이 성매매 하지만 그런 곳은 절대 가면 안 될 것 같고. 룸에서 같이 일하던 언니가 집결지로 갔는데 두 달쯤 뒤에 밥을 먹자고해서 만났어요. 그래서 어떻게 술도 안 마시고 2차를 바로 할 수 있냐고 물어봤더니 언니는 두어 달 동안 그곳이 익숙해지니까 오히려 이제 술까지 먹고 하라고 하면 못 할 것 같다고 하더라고요.

세일 생각해보면 맨정신에 어떻게 하겠냐고 생각했는데, 한편으로는 술 먹고 2차까지 하려면 또 힘들겠구나 이해도 되는 거죠.

당당 집결지가 익숙해지는 것에 두려움이 있었는데

집결지에 있다가 룸으로 가니까 그것도 너무 힘든 거예요. 술을 먹고 하는 게 너무 힘드니까 '그냥 집결지로 보내주세요' 이런 소리가 나오더라고요.

세일 주점에 있다가 다방에 가면 다시 주점에 가고 싶죠. 어차피 티켓 다 나가고 아침 8시부터 새벽 2시까지 일을 해야 되니까요. 결과적으로 하는 짓은 다 똑같아요. 룸에서 일할 때는 외교↩ 나가야 하잖아요. 그거 할 때 정말 부끄러웠어요. 아침 10시에 업주가 수수하게 흰색 티에 청바지 입고 나오라고 하는 거예요. 대낮에 손님이 운영하는 사업장에 가서 외상값 받으려고 손님하고 거래를 해야 하죠. 손님은 '공짜로 한 번 해주면 밤에 회식 가준다'고 하고. 그게 무척 수치스러웠어요.

당당 그런데 성구매자들은 그렇게 낮에 업소에서 찾아가거나 해도 전혀 창피해하지 않고 자기가 대우받는다고 생각하죠. '나는 어디 가면 이렇게 대우를 받는다'고 영웅담같이 이야기해요.

이도 맞아. 남자들은 '어디 마담은 나한테 이렇게 해준다'면서 자랑스럽게 이야기하잖아요.

↩ 손님에게 외상값을 받기 위해 또는 홍보를 위해 마담이나 업주가 여성을 데리고 손님을 만나러 다니는 것. 가끔 외교의 형태로 낮에 공짜로 성매매를 해야 할 때가 있다.

이로   나는 집결지에서 룸으로 갔다가 다방으로 가게
되었는데 다방은 배달만 하면 된다고 생각했는데
아침부터 술 취한 구매자한테 티켓 끊어야 하고…….

당당   성매매 업소 중에서 맨 처음 유입되는게 다방이고
집결지가 제일 막장이라고 하는데, 티켓다방은
시간이 돈이고 내 몸이 움직일 때마다 돈이 드는
거였어요. 커피 배달이 아니라 몸을 배달하는 거죠.
그걸 시간 단위로, 티켓이라는 이름으로 돈을 받는
거니까 내 자유로 움직이면 그 시간만큼 내가 돈을
지불해야 되는 거고, 그렇게 내가 쓰는 내 시간이
몽땅 내가 갚아야 할 빚이 되었죠.

세일   티켓다방에서는 배달하고 술 먹고 성매매까지 다
해야 하는데 집결지는 성매매만 하면 된다고 하니까
더 나을 수도 있는 거예요. 그런데도 집결지에 가는
건 왠지 사형선고 받는 느낌이었는데 뭔가 집결지는
그냥 그런 이미지가 있어요. 나는 누워 있고 손님이
와서 그냥 하고 나가는.

이로   다방 같은 경우는 차라도 타고 밖에 나가고 하는데
집결지는 그냥 갇혀 있다는 느낌이 있죠.

오리   내 몸이 정말 그것만 하는, 그것만 해야 하는 사람이

된다는 인식이 있는 거죠.

이도   사람이 아니라 기계가 되는 느낌.

당당   내가 안 가본 지역이 한 곳 있는데 거긴 완전
        죄 지어서 귀양 가는 곳이라는 인상이었어요.
        '제발요. 삼촌 말 잘 들을게요. ▨▨▨▨로는 보내지
        말아주세요' 그랬죠.

세일   다들 ▨▨▨▨섬으로 보낸다고 생각하거든요.

이로   나도 나이가 차면 갈 데가 없으니까, 섬에 팔려 가기
        직전에 나왔어요. 그런 섬에서는 어떻게 하냐면
        보통, 배가 들어오면 잠자다가도 오전 10시고 11시고
        그 자리에서 술 먹고 성매매하고 자고, 손님 오면 또
        술 먹고 성매매하고 자고 이거를 배가 들어오는 때에
        맞춰서 계속 반복하는 거예요. 그 사람들은 아침이고
        저녁이고 없으니까 같이 자다가 일어나서 술 먹고,
        시간 개념이 없어요.

세일   배 타는 사람들도 배가 몇 달에 한 번씩 항구에
        들어오면 한 달씩 쉬었다가 가고 그러는데 그
        사람들도 선불금이 있어서, 선불금을 달아놓고
        정박해 있는 동안 술집에서 다 쓰고 가게 하는

식이에요. 그래서 계속 배를 탈 수밖에 없는 거고.

이로   그게 '이노꼬리'라고, 선주들이 자기 아는 집에
       선원들을 넣어서 일주일이면 일주일 아가씨들
       붙여서 먹고 자고 하게 하는 거예요. 서로 감시하는
       거죠. 이제 막 들어온 여성들한테는 험상궂은
       손님들 붙여서 도망 못 가게 하고 오래된 언니들은
       편한 사람들이랑 있게 되고. 진짜 싫은데도 어쩔
       수가 없는 거야. 그렇게 며칠 있는 동안 사람들이
       장난 치고 억지로 해서, 밑이 찢어져서 병원 가는
       언니들도 있고. 그렇게 서로 감시해요. 무서웠어요.

당당   결국은 다 같은 곳인데 그래도 당장에는 지금
       여기가 그나마 낫다고 업주한테 얘기를 듣고 그렇게
       생각하게 되니까, 시간이 지나면 지날수록 어디로
       옮겨 가는 게 두렵고 그랬던 거 같아요.

'성매매한 여자'를 바라보는 시선

오리   업소에 있으면서 세간의 낙인 같은 걸 생각했어요?

모두   안 했죠.

73

세일 그런 거 생각할 여유가 어딨어요. 그런 말하면
업주가 "네가 살 만하구나, 살 만하니 우울증에
걸리지. 죽을 만큼 힘들면 우울증도 안 걸린다"
이랬을 걸요. 당장 성매매 현장에 있을 때는
낙인이고 뭐고 그런 거 몰랐던 거 같아요. 그런
꼬리표를 생각하는 경우는 만약에 힘들어서
도망가거나 했을 때 업주가 가족한테 알릴까 봐
걱정할 때.

당당 그렇죠. 내가 도망가면 업주가 당장 가족에게
알릴 테니까, 그래서 도망 못 가잖아요. "당신 딸이
성매매했습니다"라고 듣는 일이 죽을 때까지 내
가족에게 일어나지 않길 바라니까요.

세일 사실 업소에 있으면서는 성매매 때문이 아니라
사기나 다른 걸로 업주한테 고소당하는 경우가 더
많죠. 사기, 절도, 횡령, 기물파손 별게 다 있잖아요.
그런데도 다른 거보다 '성매매'가 더 무서운 거예요.
어떤 걸로든 잡혀서 조사받으면 진술할 때, 그게
예를 들어 사기 조사라도 '이 업주가 나한테 성매매를
시켰다'고 이야기를 해야 한다는 게요.

당당 한번은 업소를 옮겼는데 너무 힘든 거예요. 개진상
만나서 아침부터 술 먹이고 그러면 정말. 그래서

하루 이틀 안 나가다 보면 겁이 나죠. 그렇게 며칠
지나면 업주가 막 찾아다니면서 "이년아, 너 고소
때린다"로 시작해요. 그럼 그 업소 선불금 갚으려고
다른 업소를 찾아요. 사정 얘기하고 다른 업소에서
일하게 되는데 중간에 업주나 소개쟁이들이 다
알아서 해준다고 하죠. 그런데 이 사람들이 중간에서
장난을 치는 거예요. 나는 그렇게 해서 다 갚은 줄
알고 있는데 그 사람들이 돈을 받아서는 가로채버린
거예요. 그러면 나도 모르는 새에 나는 사기꾼이
되어 있는 거죠. 다방에서 일할 때 티켓을 나갔다가
검문에 걸렸어요. 신원조회를 해보더니 나를
잡아가더라고요. 나는 다 준 줄 알았던 선불금을
갚지 않았다고 모르는 사이 고소를 당했던 거죠.
내가 '몇 달 일했던 곳이고, 사기 칠 마음 없었다. 이
사람이 돈을 준 줄 알았고 그래서 여기서 일을 하고
있다'라고 해도 그런 건 전혀 들어주지도 않아요.
경찰은 다방에서 일하는 여자들은 '원래 그런
애들'이라는 식이고 업주 말만 들으니까요. 사기로
날 고소한 업주가 와서 난리를 치고, 그러면 나는
빚이 이중으로 생기고, 사기꾼이 되고……. 여기서
'나'는 없는 거예요. 경찰이 끼어 있어도 업주들끼리
합의 보고 나는 그 '돈'에 대해서나 내가 일한 것에
대해서 아무것도 말할 수 없는 거죠.

세일	룸살롱에서 업주가 가게 차로 아가씨들 태워주라고
	해서 일 끝나고 숙소로 이동시켜주다가 사고가
	났던 언니가 있어요. 차가 완전히 엉망이 되고,
	운전해준 언니는 간까지 다쳤어요. 치료 때문에 일
	못 한다고 돌아갔는데 업주가 그 언니를 차량 절도로
	고소했어요. 언제는 또 업주가 가방에 넣어둔 현금이
	없어졌다고 언니를 절도 고소를 했는데 목적은 돈이
	아니라 도망간 친구를 잡겠다는 거죠.

이로	잡으려고 고소 많이 했죠. 사기죄로 고소하면
	검문에 걸리는 순간 구속되고, 대부분 그렇게
	잡히면 제대로 진술도 못 하고 경찰은 도망다니다
	잡힌 범죄자 취급을 하니까 여성들 입장에서는 꼭
	경찰이 업주 편 같고, 그럼 더 무서워지잖아요. 10대
	때 다방에서 잠깐 일하다 도망간 청소년이 예전에
	업주한테 받았던 50만 원 때문에 사기 전과가 한
	번 생기면 얼마나 사회가 가혹한지 바로 체험하게
	되죠. 이렇게 범죄자로 낙인찍히고 나면 업주들이
	더 두려워질 수밖에 없고요. 업주 입장에서는 일단
	사기로 고소해서 잡으면 고소 취하하면 되고, 정말
	'아니면 말고'라니까요. 어떤 언니는 교통사고가
	나서 업주가 벌금을 대신 내줬는데 그거 안 갚는다고
	고소당했어요. 그냥 잡으려고 고소한 거죠.

세일 나도 그랬어요. 업주가 줘야 하는 옷값인데 업주는 뒤로 빠지고 옷값 화장품값 이런 거 다 모아서 각 가게 이름으로 고소하게 한 거예요. 그럼 액수는 조금씩이라도 건수가 여러 개가 되잖아요. 그러면 나는 이렇게 많이 해먹은, 마치 전문적으로 사기 친 범죄자가 되는 거죠.

당당 야식집에서도 고소하더라고요. 뭐 시켜 먹었다고.

이로 업소 여성들 대상으로 장사하는 사람들은 다 업주들처럼 생각해요. 진짜든 아니든 일단 고소하면 경찰에 잡히게 되어 있고 그렇게 잡히면 경찰들도 이미 '그런 일하는 여자들'로 대하니까 업주들 입장에서는 아주 편리하죠.

당당 집결지는 세탁소에 이불가게도 있어요.

이로 이불 세탁비가 한 달에 30만 원, 40만 원이죠.

세일 업소 나가려고 하면 월마다 정산하던 소품 가게나 요구르트 아줌마도 돈 받아야 된다고 업주 대신 난리 치잖아요. 옷값이 얼마가 남았는지, 세탁비가 얼마 남았는지 언니들이 어떻게 알겠어요.

당당   50만 원 미수가 있으면 100만 원, 200만 원으로
                 불려서 고소장을 쓰는 거죠. 그걸 누가 아느냐고요.
                 장부는 업주가 잡고 있는데.

세일   우리는 업소를 나와서 주소지는 다른 곳으로 되어
                 있는 상태에서 다니는데, 증거가 없잖아요. 부르는
                 게 값이죠.

당당   장부는 전부 업주들이 가지고 있고, 우린 아무런
                 증거가 없으니까 뭘 어떻게 할 수가 없었어요. 나는
                 그렇게 인정하고 살았어요.

세일   나는 가게 옮겨서 일하고 있는데 속옷이모한테
                 잡혀서 70만 원을 갚아줘야 했어요.

               (업소를 옮길 때마다 당한 억울한 일과
                떠안은 돈 이야기가 폭포수처럼 쏟아짐)

이로   정말 머리가 비상하죠. 누가 사기 고소로 경찰
                 이용해서 아가씨를 잡을 거라는 생각을 하겠어요.

세일   나는 업주가 보험을 들게 했어요. 18살쯤에 보험 하는
                 사람 불러서 종신보험 비싼 걸 들게 했는데 그러면서
                 내 신상이 다 털린 거예요. 생년월일이랑 싹 다

적잖아요. 그때는 업주가 내 보험을 들어준다니까 고마워했는데 알고 보니 목적이 따로 있었죠. 조금 지나서 금방 해약했고, 보험 들어준 사람은 업주랑 친구였고.

당당 그런 식으로 처음 발 들인 순간 내 신상이 다 털리는 거죠. 그래야 우리한테 돈을 뽑아내니까요. 소개쟁이들은 기본적으로 주민등록증을 50개에서 100개는 가지고 있어요. 그걸 무슨 카드처럼 사용하는데 일을 하기 위해서 우리 보건증을 만들거나 할 때 아니면 내 주민등록증을 주지 않았어요.

이로 미성년자로 일할 때 주민등록증을 위조해서 주는데 나는 아직도 그때 썼던 위조 주민등록번호가 기억나요.

세일 나는 미성년자 때 노래방에서 자다가 잡힌 적 있어요. 이유도 없이 조사를 당하고, 조사하는 사람이 "썅년들" 이러면서 우리가 어리니까 벽 보고 서 있으라고 했죠.

당당 전에는 그 안에서 평생 못 나올 거라 생각했으니까, '성매매 여성'이라는 세간의 낙인은 의식하지 않았던 거 같아요.

이로   안에 있으면 상관이 없는 얘기죠. 나와 같은
      사람들만 있는 곳에 살고 있으니까요.

당당   그 동네에서는 아침 10시에 잠옷을 입고 다녀도
      아무렇지도 않죠.

이로   거긴 다 그렇게 입고 다니니까요.

세일   슬리퍼 신고.

오리   성매매가 삶이었으니까, 거기서는.
      우리만 몰랐어. 다른 곳에서는 이미 그 공간에 대한
      낙인이 있었던 건데, 우리는 몰랐던 거지.

이로   영등포 집결지가 백화점 주차장에서 나올 때 꼭
      지나게 되는 곳에 있어요. 일방통행이라 백화점에서
      차를 빼서 나오면 무조건 그 앞을 지나야 된다고 말이
      많았어요. 낮장사 하는 아가씨들이 나와 있으니까요.
      가끔 안쪽으로 일반 여자들이 차 타고 들어오면
      난리가 나는 거죠. 그때 나는 그 여자들한테 욕을
      했고요.

세일 우리랑 다른 여자들이니까.

오리 우리를 희롱하는 느낌이 들잖아요.

세일 그 사람들은 구경하러 들어오는 거잖아요.

이로 그 기분이 싫은 거예요.

당당 '네가 날 살 것도 아니면서' 이런.

이로 남자는 어차피 오면 구매자고, 낮에 차 타고
      지나가는 그 여성들은 사지도 못하는 것들인데
      오니까 짜증 나는 거죠. 우리랑 똑같은 몸을 가진
      애들인데 우리를 구경하고 있으니까요.

당당 나는 미성년자로 다방에 있을 때 다른 어른들,
      아줌마들은 신경이 안 쓰이는데 학생들 앞에서는
      너무 창피했어요.

세일 또래?

당당 네. 이런 생각을 했어요. '나도 그런 일만 없었으면
      쟤들처럼 학교 다닐 텐데. 쟤네 손엔 책가방이
      들려 있고 내 손엔 오봉(배달 쟁반)이 들려 있네.'

이런 생각이 드는 것 자체가, 그 아이들이랑 나랑
비교되는 느낌이 너무 싫은 거예요. 그리고 '너희는
모부 잘 만나서 학교 다니는 줄 알아라'라고
위안하기도 했죠.

이로 다른 위안으로 '나는 돈을 많이 벌 거니까. 너희는
학교를 다니지만 나는 돈을 많이 벌어서 너희보다
나중에 잘 살 거야' 뭐 이런 생각을 하죠.

당당 그렇지만 죽을 때까지 나오지 못하고.

이로 그렇지. 그걸 알면서도 자기 위안으로 그렇게 생각을
하는 거지.

방어기제. 허세. 자존심

당당 그런 허세를 구매자한테도 부리잖아요. 정말 별거
아닌 인간이 와서 별짓 다 하는데 '아 진짜 뭣도
아닌 놈이 와서, 내가 얼마나 버는 여잔데 어디서
꼴값이냐' 이렇게 속으로.

이로 근데 정작 아무것도 없잖아요.

계산 보면 마이너스 안 치면 다행이죠.

당당 매번 "20만 원만 주세요" 하고 업주가 "왜?" 하면
"집에다 보내게요" 하고.

오리 구매자들이 빚 있냐고 왜 그렇게 많이 물어보는지.
나는 빚 있다고 한 번도 말하지 않았어요.

당당 "오빠, 내가 무슨 빚이 있어" 그랬죠. 하지만 어쩌다
약간 이야기할 만하다고 생각되는 사람들한테는
얘기하기도 했어요. "왜? 빚 있으면 네가
갚아주려고? 씨알도 안 먹히는 소리 하지도 마라"
이러면서 "내가 한 달에 쓰는 돈이 얼만데, 한 달에
500씩 줄 수 있어?" 하는데 사실 500은 무슨, 계산
볼 때마다 업주한테 "엄마 나 10만 원만 주면 안
돼요" 이렇게 사정하고 살았는데요.

오리 나도 업주한테 "엄마 1만 원만 줘요, 저기 잡채 좀 사
먹게" 그랬어. 초라하게.

이로 우리 너무 불쌍하잖아요(웃음).

오리 벌기는 한 달에 1200씩 벌었는데.

당당   나는 동전 모아서 김치볶음밥 사 먹었다고요.

세일   나는 구매자들한테 빚 있다고 말을 했거든요. 물론
영 아닌 사람들한테는 그런 말 안 하지만, 불쌍하게
보는 사람들 있으면 2000만 원, 3000만 원 빚 있다고
그랬죠. 혹시 갚아줄까 봐서.

이로   내가 있던 곳은 새로운 아가씨들이 오면 모르는
삼촌^을 투입시켰어요. 초반에 한 손님이 며칠 동안
와서 힘들게도 안 하고 마음 써주는 척을 하다가,
빚이 있냐고 물어봐요. 나도 힘드니까 혹시나 나를
도와주지 않을까 기대감이 생겨서 빚 있다고 솔직히
이야기하니까 이 손님이 나가는 거예요. 그러더니
삼촌들이 들어와서 때리는 거죠. 낚시를 한 거예요.
빚 있다고 하면 손님이 내가 감금되었다고 신고라도
할까 봐 아가씨들 교육과 감시 차원에서 초반에 잡는
거였어요. 그런 걸 당하고 나면 두 번 다시 빚 있다고
말을 못 하게 되죠.

오리   나는 빚 있다고 말하는 게 너무 자존심이 상했어요.
그 공간에 빚 때문에 앉아 있다고 하는 것 자체가
초라했거든요. 구매자들한테는 좋아서 하는 거라고
그랬죠.

^   업주가 업소와 여성들을
관리하기 위해 고용하는 일종의
조폭을 말한다.

이로　나는 빚 있다고 했다가 진상을 만난 적이
있어요. 단골이었는데 함부로 굴지 않고 착하게
대해줬거든요. 그런데 어느 날 "너는 여기 왜 있어?"
그래서 내가 빚이 있어서 일을 해야 한다고 했더니
그때부터 확 바뀌는 거예요. 그 사람은 내가 빚이
있으니까 오히려 함부로 굴어도 내가 어떻게 할 수
없다고 생각한 거죠.

이도　그러니까 "너 빚 있냐?" 하면 없다고 하고 "너 돈 잘
버니?" 하면 잘 번다고, 에이스라고 하죠. 그나마 그
안에서 무시당하지 않으려고.

장사 잘한다고, 한 달 더 일하라고
반지를 사주는 사장님, 공동식사할 때
맛있는 음식 내 앞으로 밀어주는 사장님,
다른 아가씨들에게 나처럼만 일하라고
기 살려주는 사장님, 아플 때 벌금을
올리지 않고 쉬게 해주는 사장님, 일 잘
배우면 가게 하나 차려준다고 격려하는
사장님…… 이게 내겐 착한 업주였다.

하지만 이건 내게만 하는 말이 아니다.
그러니까 우리 하나하나를 자기
끄나풀로 만들어 다른 아가씨를 은근히
감시하도록, 보고하도록, 선택적 친절을
베풀고 회유하는 말이다. 내가 잘 팔리면
잠깐 착한 업주가 되지만 살이 찌면
쌈장도 없이 오이나 고추만 먹게 했다.
2차 안 나가고 숙소에서 자면 쓸모없는
년이라 비아냥거렸다.

다방에 있을 때 업주는 아침에 나를
깨우지 않았다. 안 일어나고 있으면
시간당 3만 원씩 빚을 올릴 수 있으니
깨우지 않겠다고 조용히 다녔다. 술집에
있을 때 업주나 마담에게 밉보이면
손님방에 넣어주지 않았다. 그래야
내가 돈을 못 버니까, 그래야 빚을 못
갚으니까, 그래야 자기 마음대로 할 수
있으니까. 진상 손님 때문에 내가 몸
고생을 하고 술에 취하고 억지로 돈을
대신 물게 되어도 업주는 관심이 없다.
그냥 편하게 내 빚으로 올리면 되니까
그렇다. 그냥 "어떻게 했길래 그래?"
하며 내 탓을 하면 되니까 그렇다.

착한 업주는 어디에 있는가?
어디 업주는 금반지도 줬다더라,
어디 업주는 잘해준다더라…….

금반지는 나도 받아봤다. 하지만 아니다.
업주의 단편적 행동이나 순간의 호의가
성매매 현장의 절대적 폭력을 포장할
수는 없다.

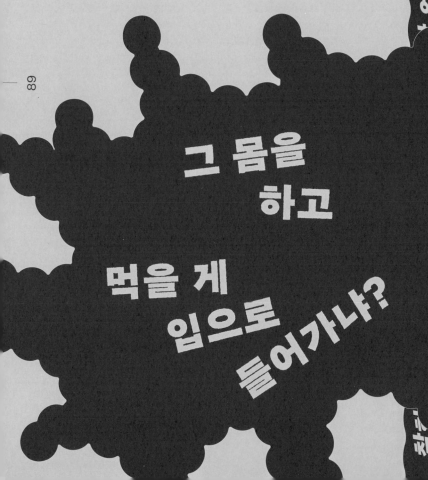

그 몸을
하고
먹을 게
입으로
들어가냐?

약속된 것만 하고 가는 손님, '땡큐비'를
주는 손님, 안 해도 되니까 쉬라고 하는
손님, 빚을 갚아주는 손님, 손님으로
와서 시간 넉넉히 잡고 먹을 걸 사주거나
선물을 주는 손님, 술이나 노래로 진상을
부리지 않고 성기가 작고 두 번 하자고
안 하는 손님……. 이게 내겐 착한
손님이었다.

나쁜 사람이 정말
많다는 뜻이다.

지불한 것 이상을 요구하고, 오만 짓을
해놓고 돈 못 준다고 협박하고, 쉬라고
해놓고 가게에다가는 내 욕을 하며 1차
2차비를 다 환불받아 가거나 다짜고짜
나를 모욕하거나 같이 살자며 빚을
갚아주고는 때리거나 스토킹하거나 약을
먹이거나……. 이건 보통의 손님이다.

둘은 한 끗 차이다.
착한 손님이 기분이 나빠지면
보통의 손님이 된다.

#착한손님

#착한엄주

#그런건없다

업주들이 우리를 위해준답시고 해주는
말들이 있다. 그 말들에 웃고 울었던 업소
안에서의 날들과 그 말들에 감동받고
버텨냈던 나를 생각하면 이 글을 쓰는
지금도 가슴이 쿵쾅거린다.

업주들은 자신들을 마치 가족처럼, 엄마처럼,
삼촌처럼 믿으라 한다. 성매매 업소에 있을 때
그곳은 우리에게 생존을 위한 공간이자 인간관계의
전부였기 때문에 쉽게 의존하고 통제받는 관계가
성립한다. 그때는 업주가 나를 위해서 다정하게
건네는 말이라 생각한 말들이 있다.

저 손님

매너 좋아.

외상 안 하고 안 때린다는 뜻이다.
그때는 나를 위해 '좋은 손님'을 준다는
배려에 감사했다. 하지만 이 말은 '좋은
손님'이니까 뭘 원하든 거절하지 말고
원하는 대로 해주라는 의미다. 단골로
만들어 더 많은 돈을 벌라는 사전
주문이다. 그렇게 하지 못하면 나는 매너
좋은 손님 발길을 돌리게 만든 죄인이다.

저 테이블
술 버리다
걸리면
X된다.

조심해.

룸에서 업주들은 손님에게
들키지 않고 술을 버리도록
여성들을 가르친다. 그래야 매상이
오르기 때문이다. 그러다 좀 까다롭고
포악한 손님이 오면 신경 써주듯 저렇게 귀띔한다. 테이블에서
술 버리다 걸린 책임을 우리에게 돌리기 위한 말임을 몰랐다.
일할 때 술 버리다 손님한테 걸려서 몇백만 원씩 되는 술값을
빚으로 떠안는 여성이 많았다. 이 돈을 물어내지 않기
위해 손님이 시키는 대로 담뱃재, 침, 휴지 등 오물과 섞인
쓰레기통의 술을 걸러서 모두 마신 여성도 있었다.

같은 날 같은 시간에 손님을 2~3명씩 받는 것을
'따당'이라고 한다. 유흥주점은 보통 '삼천궁녀 항시
대기' 같은 말로 홍보를 하고 손님들이 오면 여자들을
방마다 줄 세워 넣고 손님이 맘에 드는 여자를
선택하게 한다. 손님이 많을 때는 업주가 들어가라는
대로 따당, 따따당까지 해야 한다. 2차로 성매매를
나가도 업소와 연결된 모텔의 다른 방에 구매자들을
두고 "가게에 잠깐 다녀올게요"라는 말로 안심시키고
잠깐 나와 다른 방에 가거나 룸에 돌아가 다른 손님
서비스를 병행하도록 하는 것이다.

일단 나가서 넣고만 와.

"일단 나가서 넣고만 와"는
삽입만 빨리 하고 나와서 따당을
하라는 의미다. 따당을 하다가
구매자에게 걸려서 폭행당하는 여성들도
있다. 그때는 따당이 우리가 돈을 더 벌
수 있도록 해주는 배려라는 업주의 말에
어떤 반박도 생각하지 못했다.

수많은 손님을 상대했다.
그중 기억 나는 손님들이 있다.

▨▨▨산부인과 과장　술을 마시다가 술상에 나를
눕히고 진찰을 한다며 맥주잔,
맥주병, 온갖 과일을 내
질 속에 집어넣었다. 다른
일행이 있었지만 아랑곳하지
않고 계속 '장난'쳤다. 나는
그들의 '장난'에 놀아날
수밖에 없었다. 수치스럽고
고통스러웠다.

형사　스스로 형사라고 소개했다. 자랑스레
형사 신분증을 보여주며 시키는 대로
안 하면 잡아간다며 협박했다. 자기가
야동에서 본 걸 그대로 하자고 했다.

007가방　007 가방을 들고 온 놈이다.
2차를 나가보니 그 가방
안엔 닭털이 들어 있었다. 그
사람이 원하는 건 내가 팔에
닭털을 붙이고 모텔방 창문에
올라가 앉아서 '꼬끼오'를
외치는 거였다. 언제까지?
자기가 자위해서 쌀 때까지.

똥   나보고 신문지 위에 올라가서 똥을
          싸라고 했다. 그걸 보고 자위하겠다고.

연예인   연예인도 그저 손님 중 하나다. 너무
          유명해서 밝힐 수도 없다. 그렇게 알려질
          대로 알려진 얼굴인데도 아랑곳하지
          않고 업소에 와서 자기가 기르는 개처럼
          나를 대했다.

별의별
놈이
다 있는데

결국 다
똑같은
놈들

간혹 여자를 데리고 오는 남자 손님이
있다. 보통 여자 손님은 받지 않는다.
그런데 어느 날 중년 남자 여자 둘이
손님으로 왔다. 남자가 2차를 가는데
여자가 같이 가겠다며, 가서 2차 하는 걸
봐야겠다고 했단다. 그 둘은 부부였다.

사람들 성향이 다르듯 손님들도 다
다르다. 하지만 하나같이 똑같은 건
우리를 인간으로 보지 않는다는 것이다.

술방에서 내가 손님한테 맞아 다치고
찢어져 피가 나도 손님들은 좋다고
웃는다. 아빠뻘 손님이 나를 "딸"이라
부르면서 손가락 '장난'을 심하게 해서
산부인과 치료를 받은 적도 있다. 때리면
때리는 만큼 맞았다. 손님이 면도날로
얼굴을 그어도 아무 말도 못 하고 그저
당하고 있었다.

성매매 업소에서 나는 인간이 아니다. 내가 만난
손님은 경찰, 판사, 의사, 교사 등 아주 다양한
직종이 있었다. 가족끼리도 온다. 처남과 매제,
형제간, 부자지간도 온다. 아버지란 사람이 아들을
데리고 와서 이것저것 알려준다. 내 몸을 두고
"가슴도 만져봐라"고, 이것도 저것도 해보라고
시킨다. 아버지란 인간이 내게 "쇼는 왜 안 하냐"고,
"우리 아들 즐겁게 해줘라, 내 아들이 안 좋아하면
오늘 술값 없다"고 협박한다.

이런 일들이
성매매 현장에서는
일상이다.

우리 아들이

만족하면 또 쉰다

살 놈, 똑같은 놈

처음 다방에서 일하게 된
건 10대에 가출을 한 내게
월급 150만 원을 준다는 말
때문이었다. 당시 150만 원은
내게 아주 큰돈이었다.

다방마다 차이가 있겠지만 티켓 영업을 하는
곳의 영업 방식은 비슷할 거다. 내가 일했던 곳은
술집과 여관 배달이 많았다. 그러니까 술을 마실
일이나 성매매가 많은 곳이었다. 술집으로 배달을
가면 손님이 티켓을 끊어준다며 같이 술을 마시게
한다. 그러다 시간이 다 되어간다고 알려주면
이미 취하거나 기분이 상한 손님은 티켓비를 못
주겠다거나 외상을 달겠다고 한다. 이렇게 못
받는 돈은 미수금으로 내 빚이 된다. 여관으로
배달을 갔을 때는 손님이 '한 번 하자고' 했다. 내가
거부하면 그 자리에서 바로 성폭행을 했다. 이런
일은 빈번하게 일어난다. 그러니까 커피 값 천오백
원으로 성매매를 가장한 성폭행을 할 수 있는 그런
곳이다. 처음 이런 일을 겪고 업주에게 말한 적이
있다. 그때 업주는 내가 성폭행을 빌미로 돈을
챙기려 술수를 부린다며 화를 냈다.

#성매매와성폭력의경계

101

다방은 절대 돈을 벌 수 있는 구조가
아니다. 손님이 있든 없든 시간당 금액이
정해져 있어서 가만히만 있어도 시간
단위로 빚이 올라간다. 마찬가지로
손님이 외상을 하면 그게 다 내 빚이
되는데 티켓뿐 아니라 배달만 가도
찻값을 못 받는 경우가 허다하다. 쉬는
날에는 결근비가 지각을 하면 지각비가
빚으로 쌓인다. 반나절만 쉬어도 하루
올비로 따져 빚을 늘리기 때문에 아예
안 나가는 게 낫다. 또 언제는 티켓을
나갔다가 밤 12시가 넘어 돌아왔다고
외박이라며 티켓비의 약 3배를 내
빚으로 올렸다. 그런 다음 날은 지각 벌금
명목으로 또 빚을 올렸다. 아가씨들로
당번을 정해 가게 청소를 시키면서
지키지 못하면 또 벌금을 걸었다.

빚 없이 다방 일을 시작해서 돈을
벌기는커녕 시간이 지날수록 빚이
늘어났다. 선불금이 생기자 점차 더
나쁜 조건의 다방으로 이곳저곳 팔려
다녔다. 벌금과 외상으로 4년간 월급 한
푼 받지 못하고 일했지만 그사이 내 빚은
2000만 원이 되어 있었다.

다른 업종에도 각종 벌금이 있겠지만
다방은 나의 몸이 그냥 시간 단위로
업주의 돈이다. 업주는 내가 다방
홀에서 근무하는 것조차 싫어했다.
밖으로 나가면 손님이 주든 내 빚이 되든
시간마다 돈이 올라가니까 말이다. 아침
8, 9시 출근에 새벽 1, 2시 퇴근에 말도
안 되는 시간비와 규칙들, 커피 배달
가면 젊은 놈이건 늙은 놈이건 어떻게
공짜로 만져보려고 한번 해보려고
안달인, 성추행에 성희롱은 기본이고
강간을 해도 커피값 주면 되니까,
티켓비 주면 되니까 하며 아무렇지 않게
성폭행하는 놈들까지. 모든 비정상이
정상이 되는 곳이다.

성매매 현장은
그런 곳이다.

업소에서 나온 지 수년이 지난 지금도
밤마다 악몽을 꾼다. 꿈속에서 나는
성매매 여성으로서 손님을 받고, 그
손님이 갑자기 커다란 악마로 변해
나를 덮친다. 나는 아직도 버스를 타면
남자 옆자리에 앉지 못한다. 과거에서
벗어나지 못한 채 하루하루를 살아간다.

그러면서 생각한다. 16살이었던 내가
구인광고를 보고 전화했을 때, 나를
만나러 왔던 업주가 내게 좋은 옷을
사주고 용돈을 주지 않았더라면 나는
성매매를 시작하지 않았을까? 진상
손님을 만났을 때 마담언니가 나 대신
그 손님을 처리해주지 않았더라면
그때라도 그만뒀을까? 나를 다른 곳으로
팔아넘기기 위해 매너 좋은 손님으로
위장해 나를 위로해주던 그 사람이
없었더라면 난 더 일찍 빠져나올 수
있었을까?

손님 잘 받아야 빨리 빚 갚는다며
내게 다이어트 약 먹이고, 성형외과에
데려가고, 장사 안 되는 이유를
물어보자며 점집에 데려가 신굿을 받게
하던 업주가 없었더라면 어땠을까. 나는
지금보다 나은 삶을 살아가고 있을까?

지금의 나는 이렇게 과거
생각으로 꼬리의 꼬리를 물며
매일 밤을 지새운다.

그 사람이
없었더라면,

그때 그러지
않았더라면.

내 경험에 대해 말하고 또 말해도 나는 그
속에서 헤어나지 못하고 있다. 평범하고
치열하게 자기 삶을 살아가는 여성들을
보면 마냥 부럽다. 그들 각자에게도
아픔이나 힘듦이 있을 테지만 그 앞에서
나는 한없이 작아진다.

'성매매하면서 산에 끌려가 성폭행 한
번 안 당한 여자 없다'는 말을 사람들은
상상이나 할 수 있을까?

손님한테 무지막지하게 맞아본 경험이
없는 여성이 과연 얼마나 될까?

106

사람들이 알았으면 좋겠다. 우리의
목소리를 꺾지 않고 있는 그대로 알리고
싶다. 지금도 나를 괴롭히는 나의 경험이
내가 부끄러워할 일이 아님을 안다. 나를
사고판 사람들, 나를 이용해 욕심을
채우려 했던 사람들, 성매매 현장을 모른
척했던 사람들, 나의 경험을 왜곡해서
들으려 하는 사람들에게 부끄러움으로
남길 바란다. 그리고 나와 같은 일을
누군가는, 아니 누구도 겪지 않기를
간절히 바란다.

성매매 업소에서 무엇을 배웠는가?
'술3종'에서는 촛농쇼, 계란쇼,
오프너쇼, 동전쇼 등을 하는 법을 배운다.
룸에서는 마담에게 '예절'을 교육받고
안마에서는 같이 일하는 아가씨한테서
'바디 타는 법'을 배운다. 그 외에는
직접 가르쳐주는 사람이 없어 알아서
터득해야 한다. 나는 눈치 백 단!

성매매 '일'은 성매매만 계속하는 게
아니다. 나는 스스로 준비하는 법을
익혔다. 손님 한 명 받고 나면 씻고 화장
고치고 머리도 다시 한다. 안마에서는
매일 모르는 남자 10여 명의 몸을
씻겼다. 10명의 손님을 받으면 60번의
애무를 한다. 싸구려 오일의 3분의
1은 내 입으로 들어온다. 그러고 나면
혓바닥은 갈라지고 손목은 끊어질 것
같고 턱은 빠질 것 같고 허리는 아작이
난다.

이런 '일'이 과연 좋은 일일까? 우리가
한 건 성매매 '일'이 아니라 내 몸을 팔
권리가 나에게 없음을 알아가는 것,
그뿐이었다. 24시간 돌아가는 '일'은
내가 결코 멈출 수 없다. 손님이 멈춰야
잠시나마 숨을 돌릴 수 있다.

자발
운운
말라

대한 권리가 내게 있지 않은 '일'

다방에서 일하던 무료한 어느 날,
출근을 하자마자 가게가 시끄러웠다. 옆
동네에서 일하는 언니가 다쳤다고 했다.
손가락 열 개가 다 부러지고, 살점이 다
나갔단다.

사건 경위는 이랬다. 다방으로 배달
주문이 와서 갔더니 4, 5명의 남자가
있었고 자꾸 만지고 진상을 부리기에
언니가 그 '손님'들에게 "오빠
지난번에도 그랬다면서요?"라고 했다.
그 말에 다른 사람들은 다 웃는데 그
한 사람만 얼굴이 새빨개졌다. 그러고
나와서 언니는 계속 다른 배달을 하다가
저녁에 모텔로 지명 배달이 들어와서
갔다. 그런데 방에 사람이 없어서 "배달
왔어요, 오빠" 하자 입구 옆 화장실에
숨어 있던 낮의 그 '손님'이 벽돌로
뒤통수를 계속 후려쳤다고 했다.
막으려고 손을 뒤로 뻗다가 벽돌에 맞아
손가락이 다 부러진 것이다.

이 이야기를 들은 저녁, 사건이 있었던 모텔에서
배달이 들어왔다. 카맨 오빠한테 손님 얼굴 좀
확인해달라고 했다. 아는 사람인 걸 확인하고서야
방에 들어갈 수 있었다. 하지만 계속 두려웠다. 이
방에 나와 손님 둘뿐이라는 사실이 소름 끼쳤다.
나는 언제든 죽을 수 있었고 운이 좋아 지금을
살아가고 있다.

        살아 있기 때문에
        말할 수 있다.
        말하고 싶다.

나는 정말 열심히 일했다. 정말 열심히
몸을 팔았다는 표현이 맞을 것이다. 하루
열 명 넘는 남자에게 몸을 팔았다.

일한 지 한 달이 되었을 때 업주가 나를 불러
계산을 했다. 내가 집결지로 오면서 전에 일하던
다방 업주에게 치른 내 선불금 2400만 원,
다방에서 집결지로 옮기도록 주선한 소개쟁이에게
준 1000만 원 그리고 내가 손님 받는 방을 꾸미는
데 드는 비용 400만 원을 합쳐 3800만 원이 나의
선불금이 되었다.

그리고 한 달간 내가 벌어들인 총수입이 1000만
원 정도 됐다. 그중 업주에게 50퍼센트를 떼어주고
현관비 10퍼센트를 떼고 공동경비 10만 원, 손님용
양말, 속옷, 칫솔, 음료수, 담배, 면도기, 콘돔,
젤, 헤어 용품, 남성 화장품, 티슈, 포르노 비디오
등 서비스 물품과 손님 아침 식사 비용 등을 모두
합해 100~150만 원가량을 걷는다. 여기에 청소비,
세탁비, 영업비 그리고 나를 상품으로 만들기 위해
드는 비용까지 더해 300만 원이 훌쩍 넘었다. 업주
계산법으로 공제가 끝나고 내가 받은 돈은 1000만
원 중 200이 못 되었다.

몸이 아파 평일에 쉬겠다고 하면
20~30만 원의 벌금이 있었고 주말에
쉬겠다고 하면 업주는 그날 최고 매상을
올린 아가씨의 매상을 벌금으로 매겼다.
잘못 쉬었다가는 벌금으로만 100만 원
넘게 나온다. 나는 '일'을 하면서 돈을
직접 만져본 적이 없다. 그저 업주의
장부에서 돈이 움직였다. 업주가 "▨▨▨원
갚았어. ▨▨▨원 남았어"라고 하면 그냥
그렇구나 해야 했다.

"배운 것도 가진 것도 없이 몸 하나로
대기업 간부급 이상을 번다"고 업주는
말한다. 하지만 실상은, 돈을 버는
사람은.

#업주

#처벌해

▨▨▨도 항구다방. 낮 1시 출근해 새벽 4시 영업이 종료된다. 그런데 새벽 4시 영업이 끝나도 우리는 잠을 잘 수 없다. 5시쯤부터 고기잡이배들이 들어오고 그 배를 우리가 청소해야 하기 때문이다. 배 한 척 청소에 5만 원을 받았고 보통 4척 정도 청소한다. 그러면 20만 원. 그 돈은 업주가 가져간다. 아가씨들은 청소를 하면 결국 잠도 못 자고 출근했다. 간혹 배 청소를 하고 우리가 기절하다시피 잠들면 업주는 절대 깨우지 않았다. 자는 동안의 시간비를 빚으로 올릴 수 있기 때문이다.

간혹 몸이 아파서 다방 일을 못 나가도 배 청소는 해야 한다. 다방 주 고객인 뱃사람들에게 서비스하는 것이다. 만약 배 청소를 하지 못하면 20만 원을 내가 물어내야 했다. 별 거지 같은 방법으로 업주가 빚을 만들고 선장 새끼는 그걸 이용했다. 어떤 선장은 "업주한테는 청소했다고 해줄 테니 한 번 하자"고 했다. 섬으로 들어가면 선장 새끼 가족들이 있으니 배에서 잠깐 하자고 한다. 썩을 놈들, 아니 썩지도 않을 놈들이다.

내가 겪은 다른 무엇도
말이 되지 않지만 배
청소에 대해서는 특히 자주
생각한다. 그때 우리는 왜
입도 한 번 못 떼고 그저
시키는 대로 했을까? 그들은
어떻게 우리한테 그럴 수
있었을까? 만만하고, 뒷말
나오지 않고, 섬이라는
폐쇄적인 공간에서 얼마든지
감시할 수 있는 존재, 더구나
빚이라는 올가미에 묶여 있는
우리니까 가능했을 것이다.

내가 경험한 것은
뭐라 말할 수 있을까?

다방에서 몇 개월쯤 있었을
때 업주는 장사가 더 잘
되는 곳으로 가서 업종
변경을 할 거라고 했다.
3종 방석집을 할 거라고
했다. 갑작스러운 말에 같이
'일'하던 친구들의 의견은
제각기였던 것으로 기억한다.
며칠에 걸쳐 이야기를 했고,
나만 결정하면 될 것 같은
분위기였다. 망설였던 이유가
몇 가지 있었다.

먼저 어렸을 때부터 알고 지낸 친구들과
같이 벗고 마시고 서비스하는 방석집이
도저히 상상이 안 됐다. 이어서, 어릴
때 본 집결지 언니들을 떠올렸다. 다들
날씬하고 예뻤다. 나는 아니다. 빚을
갚지 못할 것 같았다. 마지막으로는
무서웠다. 다방, 보도, 주점을 다녀봤던
내가 방석집의 빨간 조명 밑에 있는 것은
상상이 안 됐다.

그래서 나는 가지 않겠다고 말하고 친구들을 설득하려고 했다. 하지만 마음과 달리 내 몸은 이미 방석집 입구였다. 업주가 집결지 언니들을 보여준다고 했다. 좀 통통한 언니를 손가락으로 가리키며 "네가 훨씬 예쁘고 쟤보다 날씬해. 쟤도 하는데 왜 네가 못한대?"라며 내켜하지 않는 나를 설득했다. 친구들과 떨어져 혼자가 되어, 또 어디가 될지 모를 곳으로 가기가 두려웠던 나는 결국 같이 '일'하게 되었다.

앞서 일하던 언니들의 홑복이 맞지 않아서 사복을 입고 일을 했고, 손님이 오면 친구들과 한방에 들어가 모두 옷을 벗고, 맥주로 손님 성기를 씻기고, 서비스를 했다. 술 버리는 것을 들키지 않게 말을 시키는 법을 배웠다.

혼자가
되기

싫어서

취해가는 친구들을 보면서
힘들었다. 15살에 만나
가출을 경험하고 서로의
가정사, 연애사, 친구 등 모든
사정을 다 아는 우리였다.
우리가 대체 왜 이런 곳에서
이러고 있어야 하는지 이해가
되지 않았다. 정신적으로
괴로웠다.

마음도 표정도 좋을 리 없던 나는 잘
'팔리지' 않았다. 업주는 내게 '새끼마담'
일을 하라고 했다. 내가 그만두면
친구들도 그만둘까 봐 그랬을 것이다.
월급은 150을 준다고 했다. 새끼마담이
하는 일은 다른 아가씨보다 일찍 나와
맥주병에 쌓인 먼지를 닦아 냉장고에
넣어놓고, 안주로 나갈 과일을 챙기고,
손님이 오면 한 방 한 방 들어가서 손님
비위를 맞추고, 술을 마시고, 초이스를
넣어주고, 금액을 쇼부 치고, 언니들을
넣어주고, 아가씨가 없을 때는 나가서
호객 행위를 하고, 2층에 올라가 2차가
끝날 시간이 되면 방문을 두드려주고,
아가씨가 없거나 나를 원하는 손님이
있으면 그 손님과 술방에 들어가고,
2차도 하고, 손님이 긴밤을 원하면
긴밤도 하고…….

결국 난 아가씨, 마담, 웨이터 일을 다 했다. 일은 하면 하겠지만 마음이 너무 고되었다. 업주 몰래 라면에 찬물을 부어 먹다가 혼나는 언니를 보는 것도, 쉬는 날 내 방에 누워 있으면 들리는 옆방의 신음도, 억지로 먹는 술에 취해가는 친구들의 모습도, 술방에서 서비스를 하는 친구들을 못 본 척하는 일도, 2차 중 올라가 똑똑 문을 두드리는 것이나 친구가 손님에게 무시당하는 걸 보기도, 성병 있는 손님을 받아 업주 앞에 다리를 벌리고 누워 아래에 에프킬라를 맞고 있던 언니가 나를 보며 민망한 듯 웃을 때도 힘들었다. 나는 결국 슬리퍼를 신고 도망 나왔다.

도망 나오기 전 친구들과 언니들에게 어떻게 해야 할지 물어봤다. 모두 도망을 가라고 했다. 거기서 새로 알게 된 언니는 매일 울었고 아래가 너무 약해 거의 매일 나와 병원을 갔었다. 진상이 터지면 동네 어딘가로 뛰어가 숨었고 이내 돌아와 다시 일하고 다시 도망가고 이내 돌아와 다시 일하던 언니였다. 마음도 몸도 약한 언니와 같이 나가고 싶었다.

"언니, 같이 가자.
우리 가자, 언니."

내 말에 언니는 고민하는 듯
보였지만 따라나서지 않았다.

"내가 진 빚 내가
갚아야지. 잘 가.
가서 연락하고, 잘
지내는지 알려줘."

언니와 친구들을 두고
뒷문으로 몰래 나와 택시를
타고, 버스를 타고, 다시
택시를 타고, 또 갈아타고……
중간에 잡힐까 봐 두려웠지만
필사적으로 도망쳤다.

**도망쳐.
가서 연락하고.**

내가 그곳을 나온 지 어느덧 9년이 되었고 언니는
그곳에서 벌써 10년째다. 언니는 아직 거기에 있고
그곳은 철거를 앞두고 있다. 두 달 전에 만난 언니는
여전히 맑았다. 나오라고 나오라고 또 말하는 내게
언니는 웃었다. 대신 다른 사람을 탈업시키기 위해
나에게 이것저것 물었다. 만약 언니가 이 글을
본다면, 나는 언니랑 낮에 카페 가서 커피도 마시고
싶고, 월요일엔 빨리 퇴근하고 싶다며 오전 내내
카톡도 하고 싶고, 금요일엔 저녁에 놀 약속을 잡고,
그렇게 지내고 싶다고 전하고 싶다.

> 같이 있던 친구 중 한 명은 결혼해
> 아이가 둘이고 다른 두 명은 2년
> 전 탈업해 지금은 남들처럼, 일에
> 치이기도 하고 퇴근한 뒤 한잔하며
> 옛날 이야기를 안주 삼기도 한다. 또 한
> 명은 2년 전부터 그 업주가 몰래 먹인
> 것을 시작으로 마약에 손을 대서 현재
> 교도소에 수감 중이다. 매일 업주가
> 면회를 가고 변호사도 사주었다고 한다.
> 바보 멍청이가 되어버린 친구를 보며
> 내가 할 수 있는 일이 무엇이 있는지
> 생각해본다.

나는 아직도 끝나지 않는 나의 성매매 경험을
재해석하는 과정을, 당사자들과 함께 밟아나가고
있다. 여전히 고민한다. 우리가 왜 그곳에
있었는지, 우리가 왜 그랬어야 했는지, 우리가
선택할 수 있는 것은 무엇이 있었는지, 그런 게
있긴 했었는지. 여러 경험이 여전히 생생하며, 또
누군가는 나의 과거를 현재로 살고 있다.

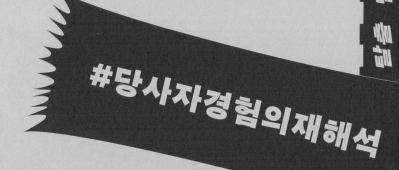

#당사자경험의재해석

성매매 현장 속 언니들의 달라지지 않는 상황,
그리고 그 일의 끝은 어찌될지 아무도 모른다. 나는
사람들이 어떻게 '성노동' 같은 말을 할 수 있는지
모르겠다. 정말 잔인하다. 당사자의 말하기는 어떤
근거를 갖고 어떤 환경에서 썼느냐도 중요하겠지만
각자의 방식대로 발설될 수 있어야 한다. 우리는
성매매 경험 당사자 모두를 대표하지 않는다. 다만
우리의 경험이 세상에 드러나길 바라고, 현장이
바뀌기를 원한다.

탈성매매 이후 나는 쉼터에서 지냈다.
쉼터에 적응하기는 많이 어려웠다. 돈이
정말 궁한 적도 있었는데 그럴 때마다
마치 그런 사정을 안다는 듯, 같은
업소에서 일했던 동생들에게서 연락이
왔다. 많이 흔들렸다. 나오면 더 많은 게
달라질 거라 생각했는데 그렇지 않았다.
다시 돌아갈까 하는 생각도 많이 했다.

자활 프로그램을 이용하면서 돈도
벌고 이것저것 배울 수 있는 것도
많이 있었지만 밖에서 살아가기에는
힘들었다. 빚도 있고 부양할 가족도 있고
자식도 있었다. 나한테 남는 건 겨우
차비와 담뱃값 정도였다.

하지만 뭔가를 배우고 자격증도 따고,
나도 평범한 사람처럼 살 수 있다는 걸
경험하면서 서서히 흔들리던 마음이
안정되었다. 하나둘씩 욕심이 생기면서
내 미래를 볼 수 있는 계기를, 발판을
얻었다.

탈성매매한 뒤 아침에 출근하고 저녁에
퇴근하고 사람들로 붐비는 지하철을
탔다. 먼 거리가 피곤하지만 버스도 타고
지하철도 탈 수 있다는 게…… 업소에
있을 때는 밤에 출근해서 해 뜨면 택시를
탔다. 이제 버스와 지하철을 타는 내가
평범한 사람이 된 것 같았다.

좋았다.

무
한
발
설

성매매 알선 업주들은 나의
행동뿐만 아니라 감정까지
관리했다. 울지 마라, 화내지
마라, 먹어라, 먹지 마라,
들어와라, 나가라, 자라, 자지
마라……. 업주들의 몸짓, 표현
하나에도 나는 주눅이 들고 눈치
보기 바빴다. 성매매에 들어선
순간 나는 그런 사람이 됐다.
마음껏 먹을 수 있었던 건 단 두
가지, 다이어트 약과 술뿐이었던
그곳에서 우리는 혐오와
모욕으로 늘 배가 불렀다.

배가 너무 고파서 몰래
화장실에서 밥 먹었다는
이야기를 이제는 뭉치 회원들과
웃으며 나누지만, 성매매로
내몰린 여성들의 처지를 이용해
우리를 눈먼 바보로 만든 그들을
생각하면 여전히 내 가슴은
울분으로 소란스러워진다.

나를 지키기 위해 착취에 길들여진다

우주   처음에 어떤 이유로든 성매매를 시작하고, 그 후에는 어떻게 견디며 살 수 있었는지 이야기해주세요.

이로   나는 남자친구가 팔아서 갔는데 빨간 불빛이 보이는 집결지니까, 이게 성매매를 하는 곳이구나 하고 알 수 있었죠. 가기 전엔 300만 원을 벌 수 있다고 해서 이상하다는 생각은 했지만 그런 곳인 줄은 몰랐어요. 나는 집에서도 학교에서도 항상 비난받는 아이였어요. 항상 맞고, 뭔가 부족하고, 내쳐지고. 그런데 거기에 가니까 어리고 예쁘다고 해줘서 처음엔 집보다 더 좋았어요. 손님 중에 정말 이상한 사람도 있었지만 나보고 "넌 얼굴도 예쁘고, 몸매도 예쁘고, 다 예쁘다"고 하니까, 내가 가치 있다고 느껴졌어. 성매매하는 건 늘 너무 힘들고 싫었지만 "너 때문에 장사가 잘 된다"고 대우해주는 게 너무 좋았어요.

세일   한 4년 정도 일했을 때 이거 말고 내가 할 수 있는 게 없다고 생각했어요. 막연하게 학교는 졸업하고 싶었지만 바깥세상에 대한 꿈은 그게 유일했고 점점 '이 안에서 이렇게 살다 끝나겠지' 싶고 다른 가능성은 포기하게 돼요. 업주가 농담처럼 나중에 가게 차려주겠다고 하니까 그게 꿈이 되더라고. 매일 속 아프고 이런 건 힘든데 나중에는 업주처럼 아가씨 관리하고 가게 운영하면서 돈도 벌겠다는 생각을 하는 거죠.

이로   세일 말대로 성매매 업소에 가게 됐을 때 어차피 집에서도 맞고, 밖에 나가도 잘 데 없어서 끌려가서 강간당하는데 여기가 오히려 돈도 벌고 안전하다고 생각했지. 그런데 1년 정도 지나서 18살이 되니까 퇴물 취급을 하더라고요. 손님을 가리지 않고 넣고, 더 이상 예뻐해주지 않고, 말 그대로 물건처럼 취급을 하면서 손님한테 맞아도 내 탓이라고 하고요. 그런데 나갈 수가 없으니 그냥 포기하고 살았어요.

세일   '성노동'이 정말 노동으로 인정받는 일일 수 있으려면 1년 일하면 기술도 늘고 대우가 더 좋아져야 하는데 1년 만에 돈도 더 못 벌고 대우도 나빠지잖아요.

이도   오래 있을수록 오히려 뒷방 신세, 진상 처리반이 되죠.

당당   나도 초창기에 상품 가치가 있을 때는 옮기는 주기가 짧았어요. 여기저기서 데려가려고 하니까요. 그런데 그 시기가 지나가면 받아주는 것도 고맙게

생각하라고 해요. 내가 마지막으로 간 곳에서 5년을
있었어요. 성매매방지법 생기고 데모 시작되면서
나왔는데 그 순간까지 거기 있었던 건 거기가
좋아서가 아니라 그때는 옮기면 그냥 점점 더 험한
대우를 받을 거라는 걸 알기 때문이었어요.

이로   한번 들어간 이후에도 매 순간 다시 선택할 수 있다고
사람들은 생각하지만 그 생활 안에서는 그 업소에 더
있을 것인가, 다른 업소로 갈 것인가에 대한 선택만
계속 있을 뿐이에요. 그런 선택조차도 내가 할 수
없었던 경우가 더 많았지만요.

오리   업소를 옮길지, 남을지의 선택을 할 수 있는 시기도
초기에 아주 잠깐이에요. 나중에는 누가 나를
선택해주기를, 운이 좋아서 '좋은 데' 갈 수 있기를
희망하는 게 전부였어요.

세일   성매매를 하게 되면 사람이 똑똑하든 말든 상관이
없다는 생각이 들어요. 22살 때부터 점집 하는
여자한테 엮여서 7년을 이용당했던 친구가
있었어요. 그런데 경찰은 도무지 이해를 못 했어요.
어떻게 그렇게 이용을 당할 수가 있는지를요. 직장
생활을 안 해본 것도 아니고 자기 판단이 있었을
렌데 구매자가 신고해서 나오기 전까지 자기 발로

매번 전화방에 연결된 전화 받고 나가서 성매매를 한 거였죠. 포주 노릇을 했던 그 가족들은 여자애가 너무 말랐다고 돼지기름을 먹이고, 신들렸다고 때리고, 빚을 만들어 올리고 또 이 빚을 갚으라고 장기를 팔자고 데리고 다니기도 했어요. 이런 말도 안 되는 걸 당하는 사람은 장애가 있는 게 아닐까 생각하잖아요. 근데 정말 멀쩡하단 말이지. 그런데 왜 그랬을까? 그건 길들여지는 거예요. 우리가 그랬던 것처럼. 그게 가장 끔찍한 거죠.

이로   나도 그랬던 것 같아요. 처음에 들어갈 때는 내가 아직 어리고 상품 가치가 있어서 당당하다고 생각했는데 1년, 2년 지나면서 빚을 갚거나, 돈을 벌기 위해서는 업주들 말을 잘 들어야 했어요. 어쨌든 살아남으려면, 그 사람들이 말하는 '이상한 섬'으로 팔려 가지 않으려면 그 사람들에게 의지할 수밖에 없는 상황인 거죠. 시간이 지날수록 그곳의 방식에 길들여졌던 거예요.

더 많이 '팔기' 위해 배우고 익히는 것

당당   내가 17살, 18살 때쯤 같은 업소에 있던 친구들이

다 초짜였어요. 박스도 못 따지, 신고식도 못 하지 그러니까 처음에는 업주가 다른 업소에 '원정'만 보냈어요. 다른 업소 언니들이 하는 스트립쇼 같은 거 배우라고.

세일   가게마다 특색이 있어야 하죠. 또 아가씨가 5명이면 5명 다 쇼가 달라야 해요. 장르가 비슷하면 안 되고, 노래도 다르고 노래 길이에 맞춰서 쇼가 딱 끝나야 하죠. 업소에 있는 먼저 일한 언니한테 배우는 거죠. 그리고 한두 달만에 또 새로운 내용으로 바꿔야 해요. 왔던 손님들한테 지겹다는 말 듣지 않으려고 피나는 연습을 해야 되는 거죠.

당당   맨날 출근하면 이상한 노래 틀어놓고 저녁 스트립쇼 안무 짜고.

세일   스무살인 어떤 언니는 어릴 때부터 있었으니까 쇼를 다 할 줄 알았어요. 오픈쇼 같은 거 하면 그거 보면서 우리는 박수 치고. 그런 쇼를 하면서 우리 목적은 술을 버리는 거잖아요. 업소 매상을 올려야 하니까요. 온몸에 맥주를 5병씩 붓고 몸에 촛농 떨어뜨리고 하는, 그걸 연습해요. 그 언니가 어느 날은 동전 쇼를 보여주겠다는 거예요. 보고 배우라고 하는데 동전을 질에 넣고 손님이 "다섯 개" 하면 딱 다섯 개를 꺼내요. 그렇게 해서 손님들을 끌어모으는 거죠. 그 언니가 업소에서 제일 어리고 예쁜 애한테는 계란쇼를 가르쳐줬는데 손님이 "꼬끼오" 하면 계란이 질 밖으로 나오게 하는 거였어요. 모두 돌아가면서 계란, 동전, 촛불, 요구르트쇼를 하나씩 맡아 하는데 한 명이 계란을 넣고 힘을 줬다가 안에서 계란이 터져버렸어요. 병원에 실려 갔는데 깨진 껍질에 다친 게 낫기까지 통증이 심했어요. 그런데도 일주일 정도 쉬고 다시 일을 했죠. 쇼를 잘했던 그 언니는 온몸이 화상이었어요. 술집에서 오래 일하면 주량도 모를 만큼 술을 마시게 되니까 내가 얼마만큼 마시는지 감각이 없어져요. 그래서 알콜 중독이 되기 쉬운데 그 언니는 술을 많이 마시면 정신을 잃고 손님들한테 술 붓고 담배를 자기 몸에 비벼 끄고 촛농 떨어뜨리고 하니까 온몸이 상처투성이가 되는 거예요.

이로 나도 계란쇼 하다가 죽을 뻔했어요. 계란이 안 나와서. 식용유 한 통을 다 써서 결국 빼긴 했죠. 성구매자들은 그게 정력제라면서 좋아하거든요. 업소에서 그런 쇼를 많이 하던 때가 있었지. 콘돔을 크게 불어서 바늘로 쏴 맞추기도 하고 붓글씨도 쓰고.

이도 서커스도 아니고. 무슨 기예단이야!

이로 기본적으로 촛농쇼, 계곡주, 알 낳기, 요구르트쇼
같은 걸 하지 않던 업소들도 손님 끌려고 조금씩
조금씩 그걸 시켰어요. 스트립쇼 신고식은 기본으로
하고, 이런이런 쇼도 하니까 오라고 홍보하고.

이도 어떤 친구는 마담이 솜 넣고 하라고 해서 했는데
솜이 안 빠진다는 거예요. 그랬더니 하루만 더
있어보라고, 빠질 수도 있다 그랬는데 한 며칠 동안
안 나오고 배가 조금씩 아파서 병원에 갔더니 솜이
안에서 썩었다고 했대요.

그 많은 약물과 폭력과 죽음

이로 지금도 여성들 만나면서 느끼는 게 뭐냐면, 몸도
힘들지만 징신적으로 힘든 여성들 보면 나도 잘
버티고 있었구나 하는 생각이 들고 진짜 스스로에게
고맙단 생각을 한 번씩 해요. 그래도 강하게
버려줘서.

당당 나도 최근에 그런 생각이 들어요. 내가 그 안에서

10여 년을 있었는데 무수한 죽고 싶은 순간을
넘기면서 용케 제정신으로 살았구나 이런 생각이
든다니까요.

이도 일하면서 여관에서 월세 살 때 죽으려고
수면유도제를 먹었었어요. 한 곳에서 10알 이상 안
주니까 약국마다 돌아다니면서 사서 먹었는데 눈을
떠보니까 이틀이 지나 있더라고요. 그때 '내가 아직
죽을 운명은 아니구나' 하고 오기가 생기더라고요.

당당 난 두통약을 먹었지. 티켓다방에 있을 때인데 손님이
티켓비를 안 줬어요. 돈을 못 받은 채 업소에 돌아갈
엄두가 나지 않았죠. 그 지역에 약국이 딱 세 개밖에
없어서 10알씩 샀는데 1알씩 서비스로 더 넣어줘서
33알을 술과 같이 털어먹었어요. 그런데 잠이 안
와서 약을 더 사려고 일어났더니 땅이 막 일어나고,
눈앞에 나비가 날아다니더라고요. 그때 같이 일하는
언니한테 전화 걸어서 난 이제 죽을 거라고, 엄마도
보고 싶고 아빠도 보고 싶다고 막 이랬는데, 아마도
미련이 있었겠죠. 그 언니가 업주한테 말해서 업주가
찾아와서 약 다 토하고, 욕먹었죠. 빚 갚고 죽으라고.

이로 어떤 업소에 오래 있던 여성이 있는데, 손님이
구조 요청을 한 거예요. 그래서 업소에서 데리고

나왔는데 본인이 몇 살부터 그 일을 시작했는지도
모르고, 언제부터 거기 있었는지도 모르는 거죠.
업소 뒷방에 언니는 누워 있고 업주가 구매자를 계속
넣으면서 지낸 거예요. 정신과에서 검사를 한 의사가
초등학교를 안 나오고 사회성이 부족한 거지, 장애가
있었던 게 아니라고 했어요. 참 무섭더라고요. 잘
살아낼 능력이 있는 평범한 사람을 어릴 때부터 그런
곳에 고립시켜서 그렇게 만든 거잖아요.

당당   야뇨증이 있는 여성도 있었고 밤에 자면서 계속
스탠드를 껐다 켰다 반복하는 여성도 있고.
지적장애도 아니고 기억상실도 아닌데 한글을
잊어버린 여성도 있어요.

세일   일할 때 정말 이상한 언니들도 많았어요. 소개업자도
떠넘기듯이 넘기는 언니들이요. 몸에 흉터도 있고
자꾸 이상한 짓을 하니까 같이 있기 무서운 언니가
있었는데 너무 어릴 때부터 오랫동안 소개쟁이랑
같이 다니면서 그렇게 된 거 같은데 소개쟁이가
아빠이자 애인이자 모든 것이었죠, 그 언니한테는.
똑똑한 언니들도 참 많았는데 그런 언니들 중에도
알코올 중독이 진짜 많았어요. 또 다이어트 약
때문에 급성정신분열이 생기기도 하고요. 정말
이런 연구하고 싶다는 생각도 들어요. 성매매 현장

안에서 어떤 것들이 이런 증상들을 만드는지 말이죠.
육체적인 증상은 말할 것도 없고요. 나도 병원에
실려 간 적이 있어요. 구매자랑 같이 있는데 배가
너무 아파서 기절했거든요.

이로　　골반염은 한번 걸리면 계속 재발하죠. 더구나 일은
계속해야 되고.

이도　　나도 배가 너무 아프고 자궁이 빠질 것 같아서
응급실에 갔었어요. 염증이 너무 심해서 장이
한쪽으로 쏠려 있다고 의사가 그러더러고요. 그래서
마담한테 전화하니까 헛소리 말고 빨리 일하러
오라고.

세일　　병원에 입원했을 때 그나마 나는 업주가 결근비
안 물려서 너무 고마워했어요. 다른 언니들은
자살 시도를 해서 병원에 가도 안 봐줬는데 나는
봐줬다고, 그게 고마워서 더 열심히 일해야겠다고
생각했었죠.

이로　　집결지에 있을 때 하루에 손님이 기본 10명씩 오니까
아침이면 아래가 배겨 낼 수가 없는 거죠. 아침에 문
닫으면 관리하는 언니가 속옷 벗고 누우라고 해요.
그럼 바르는 약하고 무슨 가루약을 발라줘요. 그리고

주사이모가 업소마다 다니면서 놔주는 주사 그냥
맞고. 성병의 일종인 성기사마귀에 걸린 여성이
있었는데 병원에도 안 보내고 불에 달군 쪽가위로
다 잘라냈어요. 별별 병에 걸려도 그건 다 우리가
책임져야 해요. 다 구매자들한테서 옮은 건데요.

당당   성병 한번 걸려본 사람은 완전 거기에 노이로제
걸린다니까요.

이로   나도 지금도 노이로제 있어요. 그때는 별별 말도 안
되는 방법들이 무슨 노하우처럼 전수가 되었죠.

당당   진짜 서러웠던 게 업소를 옮기는데 업주가 날
아래위로 훑어보더니 "야, 넌 밥부터 굶어야겠다"
이러는 거예요. 그러고 자기들은 맛있게 식사를
하는데 난 옆에서 밥 한 공기에 오이 한 개를 줬어요.
나중에는 너무 배고파서 몰래 밥 먹다가 욕이란 욕은
다 듣고.

오리   살이 실제 찌든 아니든 다이어트 약은 달고 살게
돼요. 늘 살쪘다고 욕을 먹으니까요.

이로   오랫동안 성매매를 하다 보면 내게 일어나는 일이
무언지 인지하지 못하고 살게 돼요. 지금이라도

'나 이런 일 당했어요'라고 이야기해야 하는 건 그 착취에 대해 스스로도 제대로 알고 또 알려야 되기 때문이에요. 성매매하던 시절 세상의 모든 눈총을 받으며 산 것도, 나를 더럽다고 생각한 것도, 매를 맞고 돈을 뺏기고 사람으로서 감당하기 힘든 시간을 보낸 것도 다 실제로 일어났고 계속 존재하는 착취예요. 그리고 꼭 성매매 현장에서 일어나는 일만이 착취가 아니라고 이야기하고 싶어요. 우리 이야기를 듣고 아무렇지 않게 "너희 잘못이야"라고 말하는 사람들도 우리를 착취하고 있는 거라고 생각해요. 사람들이 상상도 하지 못하는 너무 많은 일이 지금도 그리고 앞으로도 일어나요. "성매매를 금지해서 죄 없는 여성들과 아동들이 성폭행을 당한다"고 편하게 말하는 사람들이 있죠. 성매매를 했던 나도 죄 없는 여성이에요. 집에서 맞으며 크지 않았다면, 길거리에서 강간을 당하지 않았다면, 이 세상이 나를 보호해주었다면 나도 사람들이 말하는 죄 없는 여성이었을 거예요. 자기 생각대로 '성매매하는 여자'와 '보통 여자'를 상상하지 말았으면 해요.

경찰과 포주

우주   성매매방지법이 있지만 법의 한계가 크죠. 여성들을
          처벌하는 것 때문에 오히려 사회적 낙인이 더
          공고해지는 면이 있는 게 사실이고, 또 어떤 이들은
          '성매매' 자체의 문제보다 여성들에 대한 처벌이
          여성들을 더 힘들게 한다고 주장하기도 해요.
          성매매 현장에서 단속이나 처벌이 얼마나 여성들을
          취약하게 만들고 있나요?

세일   미성년자일 때 업소에 들어갔으니까, 업주들이
          단속을 대비해서 도망가는 연습도 시켰어요. 한번은
          업주들이 시험 삼아 단속 나온 것처럼 꾸몄는데
          저는 진짜인 줄 알고 홑복 입고 덜덜 떨면서 열심히
          도망가다가 심하게 다쳤어요. 장난으로 그랬다는데
          얼마나 화가 나던지. 그런데 실제로 경찰들이 와도,
          다 보이는 곳에 적당히 숨어 있으면 대충 둘러보고
          "진짜로 없네" 하고 그냥 가버려요. 거의 현금
          장사고 업주가 돈이 많으니까 일부러 한 번씩 오는
          거였어요. 경찰은 돈만 받으면 "이 집은 장사도
          안 되는구만" 하고 가는 거고, 우리는 '예의상'
          도망가주는 거고.

이로   집결지에 있을 때 각그랜저가 서더니 나한테

"야! 망치집이 어디냐" 했는데 순간 기억이 안
나서 모르겠다고 했는데 옆집 언니가 저기라고
알려줬어요. '망치'는 어떤 업주 별칭이었던 거죠. 그
업소에 덩치가 산만 한 남자들이 내리더니 다 부수고
난리가 난 거예요. 다음날 그 집을 가르쳐준 언니가
차로 끌려가서 사라졌어요. 그때 내가 알려줬더라면
지금 이 자리에 없었을지도 몰라요. 경찰들은 그럴
때는 절대 나타나지 않고, 진상 손님이 있어서
골목에 끌어내서 삼촌들이 때리고 있으면 경찰차가
와서 "아~ 손님 이런 데서 자면 안 된다"고 털어주고
그냥 가버려. 그러고 가면 또 때리는 거죠. 어떤
애들은 산에 묻히고 그랬어요.

당당   그래. 솔직히 사라져도 찾을 수가 없죠. 어디 찾는
사람이 있나. 집 나간 거 한두 번도 아닌데, 하면서
가족들도 안 찾고. 죽어도 모르는 거죠.

이로   한번은 아침에 펑 소리가 난 거예요. 어떤 업소
지하에서 가스를 붙다가 아무 생각 없이 담뱃불
붙인다고 라이터 켰다가 터진 거예요. 그때 문제
된 게 그 건물 창문이 떨어졌는데 뒤가 벽이었던
거죠. 내가 18살이었고 그 업소에 있던 애들은
13~14살이었어요. 감금이라고 누가 제보를 했었나
봐요. 그래서 촬영한다고 방송국에서도 나왔었는데

뉴스조차 안 나왔어요. 3명이나 죽었는데. 다들
업주가 돈으로 무마했을 거라고 했죠.

이도   그렇게 묻힌 죽음이 얼마나 많겠어. 내가 일하던
룸살롱에서도 모텔 침대 밑에서 아가씨가 시체로
발견되고 그런 일 무척 많았어요.

우주   단속이 심한 게 문제가 아니고 단속을 핑계로 업주는
여성들을 묶어놓고, 경찰은 다시 그런 업주들한테
힘을 실어주는 거네요.

오리   업주가 겁줄 때, 단속에 걸리면 호적에 빨간줄
그이고 '윤락녀'라고 집에 연락이 간다고 했었어요.
걸려본 적은 없지만 업주한테 온갖 얘기를 들었죠.

이로   나도 단속에 걸린 적은 없는데 업주가 아가씨들한테
"내가 잡혀가면 너희를 못 빼주니까 네가 원해서
했다고 이야기를 해" 그렇게 시켰죠. 아가씨가
걸리면 업주가 빼줘야 하니까.

이도   나 일할 때는 업소 대기실에 보건소 사람이 와서
성매매와 성병에 대해서 교육해주고 그랬어요.
2차가 불법인데도 이렇게 하는 거 보면 업주들이 참
힘이 있구나 생각했죠.

당당 집결지에 있을 때 경찰이 '여성상담'을 한다면서
와서는 혹시 인신매매로 잡혀 왔느냐고 물어봐요.
그렇게 상담증이 나와야 보건증을 만들 수 있다고.
참 황당하죠, 지금 생각해보면.

이로 내가 업소에서 일할 때 그 지역에서 "파출소 소장이
일 년 안에 집을 못 사면 병신"이라는 말이 있었어요.
관할 파출소 소장이 지나가다가 새로운 아가씨가
3명이 보이면 업주한테 "아가씨 3명이 있네"라고
해요. 세 명만큼 더 돈을 내라는 거고, '보호비'라고
불렀어요.

세일 경찰 단속보다 더 겁나는 건 업주들이 만드는
'블랙리스트'였어요. 다방에서 배달을 갔더니
사진이 들어 있는 얇은 책자를 보여주는데 내가
아는 언니 사진이 있는 거예요. 개인 신상이 다
나와 있고. 사진 밑에 이름, 나이, 주소가 다 맞게
적혀 있고, 선불금하고 어디 가게를 거쳤는지, 주
종목이 다방인지 어떤 업소 형태인지가 다 적혀 있는
거예요. 그 사람들이 '해결사' 같은 애들이었던 거지.
다른 지역에서 아가씨를 잡으러 온 거였죠. 진짜
무서운 거야, 나도 그렇게 실릴 수 있겠구나 생각이
드니까요.

이도   내가 있던 룸살롱에서는 그걸 업소마다 돌려서
대기실에 있는 리스트를 봤는데 초등학교 동창이
있는 거야. 처음에는 정말 그 애가 맞나 했는데 빚이
100만 원밖에 없었어. 도망가는 애들을 리스트에
올리는 거지.

오리   업주들이 겁주려고 한 번씩은 그래요. 업소에서
도망간 아가씨를 잡아 오면 세워놓고 때리고
잡으러 다닌 기간만큼 해결사 비용 얹어서 섬으로
팔아넘긴다고. 그걸 보고 누가 도망갈 생각을
하겠냐고.

당당   업소에서 경찰한테 전화해야겠다고 생각한 사람은
우리 중에도 없을걸요. 그때는 그게 유착이라는
생각조차 못 했어요. 경찰이 특별히 업주랑 친하다고
생각하지 않아도 그때는 어느 지역 경찰서든
업주들은 돈으로 다 빠져나올 수 있을 거라고 당연히
그렇게 생각했고, 내가 업주보다 돈도 배경도
아무것도 가진 게 없으니까 어떤 일을 당하더라도
경찰이 내 편을 들어줄 리는 없다고 생각했죠.

세일   업소 안에 있으면 경찰이 업주랑 잘 아니까 불안할
수밖에 없죠. 내가 어디를 가든 업주들은 다
조회해볼 수 있다고 생각했고 또 내가 앞으로 알게

되는 사람들도 어떻게 어떻게 경찰과 연결되어
있어서 나에 대해 다 알 수도 있다는 막연한 두려움이
컸어요.

당당   나는 전과 있으면 등본 떼면 다 나오는 줄 알았어요.

이로   업주들이 그런 식으로 이야기하잖아요. "너희 기록
다 나온다." 그래서 두려움이 더 컸는지 몰라요. 법에
대해 아무것도 모르는 상태에서 자기들은 다 알 수
있다고 계속 겁을 주니까.

당당   단속에 걸린 적이 있는데, 구매자랑 다른 언니가
싸우면서 나까지 잡혀간 거였어요. 그날따라 업주가
부처님오신날이라고 절에 갔단 말이에요, 공덕을
쌓겠다고(웃음). 연락이 안 돼서 같이 잡힌 언니랑
구매자랑 유치장에서 밤을 새웠어요. 업주가 아침에
오더니 욕하고 난리가 났죠. 나는 벌금이 70만 원
나오고 업주는 300만 원, 손님이랑 싸워서 머리가
깨진 언니는 150만 원이 나온 거예요. 업주는 너희가
저지른 일이니까 해결하라면서 자기 벌금 300만
원을 언니랑 나한테 반반씩 나누어서 갚으라는
거예요. 나는 좀 억울했죠. 내 손님도 아니었는데
괜히 같이 있다가 잡혀가고 업주 벌금까지 물라고
하니까요. 그래서 막 뭐라 했더니 업주가 "그래,

143

좀 억울할 수 있겠다. 그럼 너는 100만 원 하고
네가(언니가) 네 머리 깼으니까 200 물어" 이렇게
됐죠.

이로   싸움이 나면 아가씨들은 자해하는 경우가 있어요.
그래야 처벌을 좀 덜 받을 수 있어서요. 다른
사람보다 내가 더 많이 다쳐야 그나마 안됐다고라도
해주니까. 그래서 언니들은 계단에서 구르고 그랬죠.

당당   맞아요. 특히 구매자랑 싸우는 경우에는 내가
이 사람보다 더 뭔가 눈에 보이는 피해가 있어야
동정이라도 받을 수 있으니까요.

뭉치 토크 콘서트를
하면서 가장 많이 나오는 반
응 중 하나는 '업주가 악질적이고
성매매 여성이 많은 착취에 놓인 것
은 알겠는데 남자들을 나쁜 사람으로
만 이야기하는 것 같아서 불쾌하다'는 거
였다. '그래도 돈을 줬고, 나쁜 짓도 안 하
잖아'라는 것이다. 그래서 우리는 우리
가 만난 성구매자에 대해 이야기하기
로 했다. 평소 '너무 괜찮은 사람'이
라는 그 남자들이 성매매 공간에
왔을 때 무엇을 하는지, 무엇
을 요구하는지.

깎으려는 이, 공짜로 해보려는 이,
허세를 떨려는 이, 빚지게 만드는 이,
불쌍한 척하는 이, 협박하는 이······
어떤 진상도 피할 수 없다는 것이
성매매 현장의 진실이다. 생각해주는
척하며 뒤로는 외상을 달아 여성의 빚을
늘리는 찌질이나 딸 같다며 주물럭대는
진상 꼰대가 셀 수 없이 많다. 딸 같은
애를 어떻게 하면 오랫동안 데리고
괴롭힐까만 고민하고 실천하는 이
주물럭 전문가들은 손을 가만두지
못하는 병이 있다.

146

"오바이트할래?" 이건 시키는 걸 더
하든지 돈을 다시 내놓으라는 말이다.
"실장 불러와." 환불해주거나 다른
아가씨로 바꿔달라는 말이다. 할 건 다
해놓고 '장난치는' 것이다. 구매자가
이런 말을 하면 여성들은 이미 한 고생이
억울해서 손님 기분을 맞춰주면서
원하는 걸 다 들어주게 된다.

"낮에 따로 만나자. 애인 하자."
돈 안 내고 성매매하고 싶다는 뜻이다.
거기서 그치지 않고 그렇게 관계 맺은
여성의 돈을 갈취하는 '러버보이'부터
소개비를 받고 다른 성매매 업소로
넘기는 남성까지 다양하다.

성구매자
리스트

우리도
있다

유흥주점 같은 업소에서 일할 때
꼭 익혀야 하는 것 중에 '노래 번호
외우기'가 있다. 노래방 기계(태▨,
금▨, 아▨)에 따라 번호가 다른데도
뭉치 회원들이 기계별로 외우고 있는
번호들을 이야기하면서 노래 제목을
맞추는데 정말 신기하게도 비슷한
목록이 나왔다.

우리가 있었던 곳은 전국 각지인데
어떻게 이럴 수 있는가 이야기하다
전국에 손님이 다섯 명뿐인가? 하며
함께 웃었다. 특히 손님들이 즐겨 부르는
노래들은 다시는 부르고 싶지도, 듣고
싶지도 않다는 감상도 같았다.

148

그 노래 중에 나이가 좀 있는 분들이
많이 부르는 곡이 「꿈의 대화」다.
직원들이 "부장님 한 곡 하세요"라면서
권하고 같이 온 부하 직원들이 군대
박수를 치는 노래이기도 하다. 우리도
말하고 싶었다. 부장님의 꿈을 위해
분위기 억지로 띄우고 시중드는 것
그만하고 싶으니 그 꿈은 다른 데서
대화하시라고 말이다.

그리고 가장 우리의 가슴을 아프게
하는 손님 애창곡은 「사람이 꽃보다
아름다워」였다. 이 노래도 40대 이상이
많이 부른다. 사람이 꽃보다 아름답다는
아름다운 가사를 부르는 표정들을 보면
얼마나 푸근하고 행복하고 세상만사 다
품을 것 같은지. 어떻게 사람을 사고파는
곳에서 그 아름다움을 찾으려고 하는지.

전국에 다섯 명인가 할
만큼 똑같은 모습을 했던
그 수많은 손님이 더 이상
없기를 바란다. 어떤 누구도
나와 같은 경험을 더는 하지
않기를 바란다. 세상에 착한
성구매자는 없다.

남자들이 원하는 대로
그들 '엄마'처럼 때려주고
위로해주다가,

'딸'처럼 "아빠"라 부르며
옷을 벗다가,

'부인'처럼 있으면
"와이프에겐 못 하는" 일을
내게 한다.

때로는 시키는 대로 '아기'
말투로 어리광을 부려가며
2차를 치르고

'하녀'처럼 온갖 시중을 들고
엎드려 기어서 발도 핥고,
그러다 말을 안 들으면

'개'가 되어 맞기도 한다.

나는 누구인가?

업주가 시키는 대로 말
한마디에 죽으라면 죽을 수도
있고 하루 20명 가까이 2차를
하면서 몸이 아파도 생식기가
찢어져 피가 나도 해야 한다.
나는 영혼 없는 꼭두각시
인형일 뿐이다.

150

조건만남이 좀처럼 구해지지
않던 날이었다. 그러다가 한
분이 쪽지로 만나자고 해서
약속을 정하고 우체국 앞으로
갔다. 10분쯤 기다렸나?
갑자기 전화가 왔다. 받았더니
앞에 보이는 흰 차로 오라고
말해서 그 차에 탔다.

중년 남자. 인상이 좋은 편이고 행동도
꽤 젠틀한 것 같아서 조심스럽게 긴장을
풀었다. 운전해서 어디론가 가는데
자꾸 손으로 만져달라고 했다. 내키지
않았지만 하라는 대로 했다. 어차피
싫다고 해도 통하지 않았을 것이다.
그렇게 차가 선 곳은 그냥 야외의 외진
장소였다. 순간 당황했다. 당연히 모텔로
갈 줄 알았는데……. 머리가 멈췄다.

구매자가 말을 하기 시작했다. "저는
젖꼭지가 큰 여자가 좋은데 혹시
만져봐도 되겠습니까?" 위축되어
만지지 말라고 했더니 갑자기 태도가
돌변했다. 어차피 하러 온 거 아니냐며
강압적으로 말했다. 하자는 대로 안 하면
구매자들이 하나같이 똑같이 하는 말도
했다. "경찰에 신고한다, 너."

씨███. 또 저 소리.
나는 결국 입을 다물고
하자는 대로 했다.

#진상

차 안에서 애무와 관계를 했다. 그러다
갑자기 빼버린다. 혼자 옷을 정리하길래
모텔 가려고 그러나? 생각했다. 그런데
옷을 다 입은 그 새끼가 갑자기 말한다.
"너랑 관계는 했지만 안 쌌으니까 돈 못
준다?" 또 머리가 멈췄다. 나보고 그냥
가란다. 너무 열 받아서 차에서 내려
걸어가다가 전화를 걸어 한마디 했다.

"저기요, 아저씨. 어차피 콘돔
안 끼고 했으니까 저 이대로
경찰서 갈게요. 아저씨 DNA
나올 테니까, 경찰서에서
뵙겠습니다."

돈 없어도 죽는 판에, 차라리
경찰서 가서 둘 다 죽자는
생각이 들었다.

그제야 아차 싶었는지 계속 전화가 왔다.
나는 전화를 무시하고 나오는 대로
눈물을 흘리며 경찰서로 걸었다. 차가
따라왔다. 결국 장난 한 번 친 거 갖고
그러냐고, 돈 줄 테니 차에 타라고 했다.

"내가 많이 줄게."

나도 경찰서에 가기는 무서웠다. 나만 벌
받겠지 생각했다. 그러면서도 막상 차에
타면 혹시라도 맞을까 봐 겁났다.

"돈 던져주고 가세요."

말이 끝나기 무섭게 남자는 창밖으로
돈을 던졌다. 15만 원. 내가 돈 줍는 걸
보더니 그대로 차는 출발했다. 그 돈을
가지고 내 방으로 돌아오는 길에도 계속
눈물이 났다.

차에 타 차에 타 차에 타 차에 타 차에

조건을 하다 보면 여러 명을 계속 만나는 게 지쳐
힘들더라도 한 명을 만나 돈을 조금 더 받는 게
낫다고 생각하게 될 때가 있다. 이를 '스폰'이라고
부른다. 스폰하는 놈들도 급이 있는데 제일 급 낮은
건 액수 상관없이 하드한 SM을 요구하는 놈들이라
생각한다. 이놈들은 나를 아예 인간 취급을 하지
않는다. 마치 고기 부위에 따라 가격을 매기듯이
애널 사용 가능하면 +30, 야외플↑ 가능하면 +30,
기구(성인용품) 사용 가능하면 +15 이런 식으로,
해본 놈들일수록 더 심한 걸 원한다. 스팽→에 꽂힌
놈들은 '금액은 맞고 나서 몸 상태 봐서 정하자'고
하며 피떡이 되도록 때리는 일도 허다하다.
그리고 이놈들이 이런 내용을 SM 커뮤니티에
자랑삼아 올리면 '대단하십니다. 섭(노예) 분과
돔(주인=스폰서) 분 신뢰가 깊으신가 봐요.
부럽습니다' 이렇게 후빨해주는↓ 놈이 있다. 올린
놈은 그걸 되게 뿌듯해하기 때문에 다시 후빨해주는
놈들을 위해 더 가학적인 것을 요구한다. 그 후기를
가지고 전시하며 놀다가, 가학성에 지쳐 여자가
도망가려 하면 사진과 영상으로 협박하거나 그것을
판매한다.

↑ 야외에서 알몸을 노출하거나
   성매매를 하는 것
→ 도구나 손으로 때리는 것
↓ 후장 빨아주는, 치켜세워주는

성매매와
성범죄는

구분할 수
없다

조건만남은 채팅 앱을 사용한다.
앱이 손님과 나의 거리와 위치를
내비게이션처럼 알려주기 때문에 차단
기능이 잘되지 않거나 차단을 해도 새
아이디를 만들어 협박하는 놈들이 있다.
"길에서 마주치면 얼굴을 갈아버리겠다"
"네가 사는 곳에 사진 다 뿌렸으니
기대해라" "아는 동생들 아이디로 너
불러내서 반 죽여버리겠다" 등등······.

혼자 어디서 갑자기 '삔또'가 상해서는
따라다니며 죽이겠다고 집착하는, 그가
보는 '나'는 누구일까. 나는 존재하고
있지 않다. 그저 괴로워하는 여성,
몸부림치는 여성, 죽어가는 여성, 함부로
대할 수 있는 여성이면 누구라도 좋은
것이다. 구매자 새끼들의 변덕에 따라
나는 살거나 죽거나, 두려움에 떨거나
숨어버리거나, 그저 그렇게 존재했다.

그때 나는 열여덟 살이었다. 늦은 새벽
한 가게에 불려 갔다. 들어가보니
술도 안주도 없이 테이블 위에 음료수
2잔뿐이었다. 손님이 말했다. "옆에 말고
맞은편에 앉아." 내가 "네" 대답하며
"술 가져오라고 할까요?" 하니 술을
안 마신다며 나에게도 그냥 음료수를
마시라고 했다. 왜 옆이 아닌 맞은편에
앉으라고 한 걸까 생각하는데 순간
손님이 "노래하고 춤춰봐. 최대한
섹시하게 유혹하듯이 말이야. 잘하면
팁 줄게" 했다. 그리고 맥주잔 하나를
앞에 놓더니 거기에 5천 원짜리 지폐를
꽂았다.

2시간 내내 술 한 방울 마시지
않고, 한 번도 자리에 앉거나
쉬지 못한 채 노래하고
춤췄다. 그렇게 5천 원,
만 원…… 손님이 원하는
대로 유혹하듯이 옷을 몇 개
벗으니 아주 만족하며 5만
원권을 꽂아줬다.

10분 정도 남았을 때 내가
물었다. "오빠는 술도 안 드시고,
옆에도 못 앉게 하고, 2차도 안
하면서 왜 굳이 여기 와서 돈
써요?" 그러자 그 사람은 "술집
애들이랑은 더러워서 안 자.
그냥 가끔 여자 보고 싶고, 내가
살아 있다는 걸 느끼려고 여기서
돈 쓰는 거야"라고 했다.

그 어느 때보다도 기분이 더러워졌다.
그날은 2차가 없는 날이었지만 두 시간
넘게 샤워를 했다.

#너하는꼬라지가더럽구만

#더러운데_왜오냐

#더러운데_왜보냐

손님을 받기 위해 미용실에서 머리를
하고 화장을 했다. 점잖아 보이는
아저씨가 들어왔다. 술도 마시지 않았고,
변태같이 보이지도 않았다. 난 오늘
일진이 좋겠다고 생각했다. 하지만 이내
헛된 기대였단 걸 알게 되었다.

옷을 벗는 순간 그 아저씨는
내 가슴이 작아서 할 마음이
사라졌다고, 돈을 돌려달라고
했다. 화가 났지만 그렇게
보낼 수는 없었다. 다른
서비스를 잘해주겠다고 좋게
달래서 그렇게 '잘' 넘어가는
줄 알았다.

서비스를 하고 삽입을 하자마자
빼더니 못 하겠단다. 또 왜 그러냐 하니
이번에는 내 질이 헐거워서 느낌이 나질
않는단다. 나는 돈을 돌려주지 않기 위해
별짓을 다 했지만 "경찰에 신고한다"
"여기(가게) 날려버린다"는 협박에 결국
돈을 돌려줄 수밖에 없었다.

업주는 내게 "손님 하나 제대로 처리 못
하냐"며 욕을 했다. 나는 손님이 돈을
돌려받아 가면 내가 돈을 못 번다는
것보다 업주에게 욕을 듣는 것이 더
싫었다. 어차피 받은 돈이 내 수중에
들어오는 일은 없으니까 말이다.

첫 손님부터 망치고 하루
종일 힘든 손님만 받았다.
오늘도 망했다.

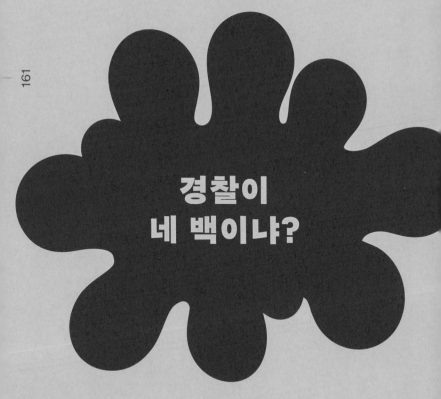

경찰이
네 백이냐?

겉모습 믿지 마라   겉모습 믿지 마라   겉

룸에서 술 마시러 오는
구매자들은 접대를 하든
어쩌든 자기들끼리 이야기를
나누는 시간이 보통 있다.
그날은 대선이 코앞이라
대통령이 누가 될지에 관심이
컸다. 그러다 내 옆에 앉은
구매자가 내게 대통령이 누가
될 것 같냐고 물었다. 그래서
나는 맘에 드는 후보 이름을
말하며 대통령이 되었으면
좋겠다고 했다. 그게 문제가
될 것이라고는 상상도 못
하고 그랬다.

내 말을 듣더니 구매자는
갑자기 미친년이라며 나의
뺨을 때리기 시작했다.
맞은편에 앉아 있던 구매자와
아가씨가 말렸고 나를 때리던
구매자는 나에게 "몸 파는
년이 어디서 나대냐"며 재수
없다고 했다.

룸에 오는 구매자들은
특히 '급'이 높은 아가씨를
선호하기 때문에 기를 쓰고
꾸며야 했다. 얼굴 고치고
명품을 두르지 않으면
실장이 테이블에 넣어주지도
않았다. 룸으로 들어가
앉으면 손님이 다짜고짜 옷의
택을 확인하거나 메이커를
묻기도 한다. 자신이 모르는
브랜드를 입거나 급이
낮아 보이면 바로 룸에서
내보낸다.

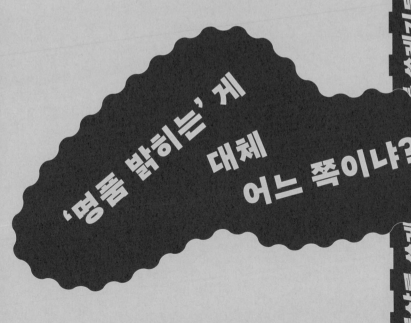

'명품 밝히는' 게
대체
어느 쪽이냐?

163

내가 있던 곳은 술을 먹지 않고 2차만
하는 곳이다. 하루에 15~20명 정도는
받아야 그 동네에서 영업 잘하는
아가씨로 통한다. 만약 아가씨들이 10명
이하로 손님을 받으면 장사가 안 된다며
업주한테 온갖 욕을 듣는다. 그런 날엔
특히나 손님을 가리면 업주한테 어떤
일을 당할지 뻔히 알기 때문에 술에 떡 된
사람이라도 받아서 그날 매상을 올린다.

술에 취해서 서질 않는다. 나는
사정시키기 위해 손으로도 해보고,
애무도 해보고, 손님이 원하는 온갖
체위도 해본다. 그렇게 1시간 이상
시달리고 있는데 방 밖에서는 업주가
빨리 나오라고 난리 치고, 돌아버릴
것 같다. 급기야 손님이 콘돔을 빼자고
한다. 내가 안 된다고 하니 이 새끼가
사정 못 했으니 돈을 돌려달란다. 세상에
1시간 동안 별짓을 다 해놓고 돈을
돌려달란다. 내가 못 주겠다고 하자
경찰에 신고한단다.

화가 났지만 1시간 시달린 것이
아까워서 손님을 달래서 다시 시도했다.
결국 그 새낀 돈 돌려받아서 다른
업소로 갔다. 업주한테 욕은 욕대로
먹고 돈은 돈대로 못 벌고, 1시간 동안
뭘 했는지……. 뛰쳐나가고 싶은 마음을
누르고 화장을 고쳤다. 홀로 나와 다시
웃는 얼굴로 다음 손님을 기다렸다.
아무 일도 없었던 것처럼.

너 못 싸는 게
내 탓이냐?

휘파리 골목에서 일할 때 20대 후반
복학생 느낌의 순진해 보이는 사람을
잡았는데 보기랑은 정말 달랐다.
작정하고 찾아 온 놈이었다. 방에
들어가자 내게 팬티를 벗지 말고
팬티스타킹을 입으라고, 그러곤 성기에
팬티스타킹을 비벼달라고 했다. 어느
정도 흥분이 됐는지 이제 몽땅 벗고
자기가 갖고 온 속옷을 입으라고, 그리고
입었던 팬티스타킹은 돌려달라고 했다.

166

손님이 준 팬티는 중간이 갈라진
것이었다. 입은 채로 '연애'를 했다. 한
손엔 내가 방금 벗은 팬티스타킹을 들고
킁킁 냄새를 맡았다. 사정 직전 빼더니
자기가 가지고 온 바이브레이터를
꺼냈다. 그걸 지 똥꼬에 넣어달란다.
황당하고 헛웃음이 났다. 어쨌든 빨리
끝내고 보내야 한다.

이삼십 분 동안 너무 바쁘게
움직여야 했다. 순진한
복학생 오빠는 없다. 쉽게
넘어갈 수 있는 손님은 없다.
알면서도 또 속았다.

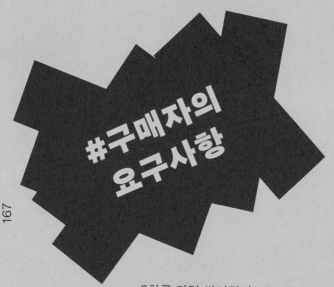

#구매자의 요구사항

2차를 가면 씻겨달라는 놈들이 많다.
자기들은 가만히 있으면 내가 샤워를
시켜주고 수건으로 닦아주고 애무를
하거나 해서 성관계가 시작되는데 자꾸
내 머리를 자기 성기 앞으로 돌리면서
은근히 빨라고 한다. 빨기 싫어서 모르는
척하면 "기본이 안 되어 있다"고 화를
내고, 자기는 똥꼬가 흥분된다는데 차마
할 수가 없어서 못 하면 또 "기본이 안
되어 있다"고 환불을 받아 가는 거다.
기본이 대체 뭔데.

또 속았다! 또 속았다! 또 속았다!

무 ○○ 한 발 ○○ 설

당사자가 이야기한다는 것

세상에서 제일 쉽고 함부로
대해도 되는 사람이 바로
'성매매 여성'이다. 사회는
성매매 여성에게 고정된
이미지를 덧씌우고, 너무도 쉽게
손가락질을 한다. 그들이 당한
폭력은 폭력이 아닌 것처럼,
그들에게는 그래도 되는 것처럼.
그렇게 성매매 여성을 더럽다며
욕하는 많은 이가 한편 '성매매는
필요악'이라고 생각한다. 성
구매 행위는 마치 권리처럼

들먹이면서 왜 여성들은
성매매를 한다는 이유로
'욕'먹어도 되는 이들, 함부로
해도 되는 이들이라고 생각하는
걸까? 더 어리고 더 복종하고 더
잘빠진 여성의 몸을 구매하기
위해 애쓰는, 그러면서 자기 돈은
아깝다고 여기는 그 많은 사람은
어디에 있는가? 왜 그들에
대해서는 이야기하지 않는 걸까?
이제 우리가 이야기하겠다.

성구매자가 원하는 것

이로　사람들은 구매자들이 성욕을 해소하려고
성매매한다고 생각하는데 정작 현장에서는 그게
첫 번째가 아니에요. 구매자는 다른 사람들한테
무시당하거나 사회에서 받은 스트레스를 우리한테
풀고 가잖아요. 자신의 찌꺼기를 우리한테 버리고
간다는 생각이 들어요. 자신의 주변 사람들한테는
못하는 걸 우리한테 와서 푸는 거죠.

세일　구매자가 성행위를 원하긴 하지만, 그보다도
꾸민 여성들이 본인한테 잘 보이려고 살랑거리는
걸 즐기러 오죠. 업소에서 아가씨가 5명, 10명
들어오면 자기가 찍잖아요. 일상에서 여러 명의
여성이 '오빠 좋아요' 하면서 '아무나 골라주세요'
할 일이 있겠어요. 그런데 룸살롱이나 집결지나
어디를 가든 잔뜩 꾸민 여자들이 쭉 대기하고 있고
룸살롱에선 신고식이라고 가슴까지 다 보여주고,
그러면 구매자는 자기 맘에 드는 여성을 선택해서
마음대로 하고. 단속이나 폭행 신고를 당해도 돈
조금 물어주면 끝이니까 구매자는 무서울 게 없는 거
같아요. 구매자들이 성매매를 하는 건 돈만 있으면
뭐든 자기 마음대로 할 수 있으니까. 그게 가장
크다고 생각해요.

당당   그것도 죄책감 없이요. 자기는 '돈'으로 보상을
했다고 생각하니까. 그것도 중독이죠. 우리가 제일
싫어하는 부류의 손님은 대부분 권력을 부릴 줄
아는 사람들이에요. 업주가 바짝 엎드리는 손님들이
있거든요.

이도   우리는 남자들이 우리의 성을 샀다고 생각하지 않고
몸과 시간과 그 시간에 종속된 모든 것을 산다고
이야기하는데 정작 구매자들은 성을 샀다고 하죠.
근데 또 구매자들도 꼭 성 욕구 때문에 오는 게
아니거든요.

오리   지배욕, 자기 능력의 확인, 과시욕 같은. 구매자가
삼십대 이상 유부남이 제일 많거든요. 이건 성욕
때문이라는 거랑 맞지 않잖아요.

세일   어떤 손님이 '와이프가 보내서 왔다'는 거예요. 정말
기분 나빴어요. 가서 그 여자들한테 자기가 감당할
수 없는 걸 하고 오라는, 우리한테 막 하고 오라는
소리잖아요.

이로   집결지에 있을 때 어떤 업소 하나가 장사가 너무
잘되는 거예요. 차가 줄을 지어 있어서, 알고 봤더니
애들이 후장을 준다는 거예요. 손님들이 환장을

한대요. 우리 사장이 너희는 뭐하냐고 해서 내가
볼펜 들고 '네 똥꼬 찔러보고 안 아프면 내가 한다'
그랬죠. 그런데 얼마 안 있어 옆 가게도 그렇게
하더라고요. 그 애들도 시달렸겠죠. 어느 집에서
시작해서 잘되면 안 할 수가 없어요. 결국 거의 모든
업소가 하게 됐고, 그래서 다른 곳으로 옮겨 갔죠.

이도   나는 호텔에 있는 룸에 있으면서 외국인 상대를 많이
했거든요. 정말 싫었어요. 특이한 냄새도 참아야
하고 성병도 걱정되는데 안전장치라고는 콘돔밖에
없고. 사정하지 못했다고 2차비 내놓으라고 했던
적도 있어요. 그래서 정말 턱이 빠질 거 같은데 하고
또 하고.

당당   실컷 애무해달라고 해서 했는데 손님이 밑에
'칙칙이'⤸를 뿌렸던 거예요. 하고 나니 입에 감각이
없어서 침도 흐르고 발음도 안 되더라고. 꼭 치과
치료할 때 마취한 느낌이었죠.

이도   같이 2차를 나간 동생이 있었는데, 2차 하고
모텔에서 나와서 프런트에 앉아 있는데 동생이 벗은
채로 얼굴에 피를 흘리면서 뛰쳐나오는 거예요.
프런트 이모는 이런 일에 항시 대기하고 있거든요.
이빨이 서너 개 깨지고 한순간에 얼굴이 부풀었는데

172   ⤸   남성의 발기 유지를 위한 제품

손님은 또 뒤쫓아오고 말리는 이모까지 때리고,
그런데 그 손님이 단골이었어요. 잘 모르는 새로 온
여성들만 그 손님한테 넣어줬죠.

당당   돈만 주면 되니까.

이도   팁을 많이 받아요. 맞고, 병원에서 퇴원하면 팁도
       주고, 엑기스 같은 것도 선물하고.

오리   밤새 뺨 때리는 손님도 있잖아요. 턱이 다
       돌아가도록 패고 돈을 왕창 주고 가요. 때린 만큼.

이로   약물 하는 손님 만나면 차라리 맞는 게 낫다 하게
       되기도 해요. 집결지에 있을 때 업주가 손님하고
       가게 밖으로 내보냈는데 평상시 모습은 점잖으니까
       시키는 대로 같이 그 사람 방에 갔어요. 그런데
       갑자기 문을 탁 잠그는데 자물쇠가 몇 개나 있고
       침대에 눕더니 주사기를 딱 꺼내는 거예요. 같이
       맞고 빨리 하자는데, 무조건 잘못했다고 빌었어요.
       계속 빌었더니 '그럼 너 맞자' 그래서 밤새도록
       맞았어요. 혈관이 다 터졌는데 업주는 이미 다
       알고 있었어요. 또 같이 일하던 언니들한테 들은
       얘기 중에 손님한테 살점을 다 뜯겼던 경우도 있고,
       뱀처럼 생긴 성인기구 같은 걸 가방에 가지고

다니면서 그걸 여성의 질에 넣고 잡아당겨서 자궁이
다 망가졌다는 거였어요. 그 손님은 그렇게 사고
치고 숨어 있다가 잠잠해지면 다시 나와서 사고 치고
그랬죠. 이런 게 다 오직 자기를 만족시키기 위한
거고, 여자들의 고통을 보고 즐기는 거예요. 그렇게
당한 여자들은 치료하고 나면 또다시 나와서 일해야
되는 거고요.

세일   피해의식이 있는 손님들이 있는데 내가 다방에
있을 때 어떤 손님은 모텔로 티켓을 끊어서 부르고
여성들이 2차를 거부하면 여자들을 때려요. 굉장히
유명했는데 여러 다방의 아가씨들이 팔이 부러지고
손가락이 부러지고 그랬어요. 그때 내가 그 손님한테
티켓 나갔다가 신고를 했는데 그것 때문에 업소는
영업 정지당했거든요. 그때 안 거지만 다른 여성들은
그렇게 다쳐도 티켓 나갔다는 걸 말하지 않았던
거죠.

이로   점잖은 손님이었는데 전화번호 달라고 해서 싫다고
했더니 갑자기 때리기 시작했어요. 때리는 손님 많이
만나서 매 맞는 기술도 늘었는지, 그렇게 당하다
보면 손님 기분을 상하게 하지 않으려고 기라면 기는
시늉이라도 하게 돼요.

이도 손님한테 한번 맞고 나니까 조금만 뭐라고 하면
      심장이 덜컹 내려앉는 기분이 들더라고요. 그래서
      그 이후로는 이모한테 내가 언제까지 안 나오면 문
      두드려달라고 꼭 이야기했어요.

당당 나는 이를 다 뽑은 여성도 봤어요.

이로 일부러 다 뽑잖아요. 오럴할 때 상처 날까 봐.
      평상시에는 틀니 끼고.

오리 깨물어달라고 하는 손님들이 있으니까.

이로 이빨로 깨물면 아픈데 잇몸으로 하면 좋으니까 전체
      다 빼는 거죠.

이 폭력은 폭력이 아닌 것처럼

당당 나는 업소를 나왔을 때 빚은 남아 있지 않았어요.
      나오고 나니까 정말 많이 당하고 있었구나
      알겠더라고요. 이걸 알리고 싶었죠. 그런데 경찰의
      태도는 '그래서 뭐? 다 지나간 얘기잖아' '네가
      그렇게 이미 당한 걸 밝혀서 너한테 좋을 게 뭐가

있어'라는, 직설적으로 말하지는 않지만 그런 느낌을
받았어요. 그래서 또 내가 헛지랄하고 있다는 생각이
들더라고요. 업주한테 손해배상청구소송을 하려고
해도 법원은 '피해를 더, 더, 더 이야기해봐, 더
없어?' 그렇게 요구하는 거 같아요. 이미 어마어마한
인권 착취고 피해였는데 여기서 얼마나 더 많은
피해를 내 스스로가 증명해야 되는 걸까 싶고, 참
구차하더라고요. 업소에 있을 때는 안 듣고 안
보면 그만이었는데, 세상에 나와서 "내가 성매매
피해 여성이에요"라고 이야기하면 사람들은
"그래서?"라고 하는 거죠. 나 자신이 아니고서는
누가 내가 겪은 착취를 대신 말해줄 수 없는데,
끝없이 더 증명해라, 어쩌라고 이런 식이니까 '그냥
차라리 입 다물고 살 걸, 말하지 말 걸' 생각도 많이
했어요.

세일   '내가 성매매를 경험했고 성매매로 이런 피해를
당했습니다'라고, 너무나 명백한 피해와 사실을
이야기하는데 이 이야기를 하는 게 마치 우리가
스스로를 낙인찍고 있는 거라는 느낌을 경찰이,
세상이 주는 거예요.
성매매로 인한 피해를 이야기하려고 경찰에 가면
이미 나는 '성매매한 여성'이라는 꼬리표가 붙어
있고 그 꼬리표가 붙은 이상 내가 겪은 피해는 피해가

아닌 것처럼 되는 거예요. '너는 성매매 여성이니까 그 정도는 너무나 당연해, 피해라고 말할 자격이 없어'라고 세상이 말하는 거예요. 마치 그 말을 하는 내가 문제가 있는 것처럼, 피해를 당한 내가 내 피해를 부끄러워하고 숨어야 한다는 것처럼, 그런 말을 감히 어떻게 하냐는 시선으로 사람들이 보는 거죠.

이로   성매매가 법으로 금지된 게 아니라면······.

세일   법까지 없었어봐요. 지금 같아서는 완전 더 X되지.

이로   법으로 금지된 것 때문에 성매매 여성에게 낙인이 있는 게 아니잖아요.

세일   그냥 성매매를 했기 때문에 낙인이 있는 거죠.

당당   이렇든 저렇든 낙인은 마찬가지인데, 나를 '피해자'로 다시금 낙인찍는 게 그나마 나를 보호할 하나의 방법이라면 그거라도 붙잡아야 하는 게 현실이에요. 우리는 업소를 나왔고, 이렇게 앉아서 이야기하고 있잖아요. 우리의 경험이 무엇인지, 폭력을 폭력이라고 피해를 피해라고 말할 기회라도 잡아야 해요.

세일　처벌받고 범죄자가 된다고 해도 그렇게 해서 나올
　　　수 있다면 나는 그렇게 나오겠어요. 그 안에서는
　　　아무것도 없어요. 다시 선택을 하라고 해도, 그
　　　유리방에서 어떻게든 나올 수 있다면 처벌을 받든
　　　보호를 받든, 그건 중요하지 않을 것 같아요.

이로　나는 세상의 낙인보다 성매매 현장에 있는 게 더
　　　무서워요.

당당　지금 우리는 알고 있으니까요. 하지만 또 지금
　　　우리가 업소 안에 있다면 다르게 생각할 수밖에 없을
　　　거예요. 볼 수 있고 선택할 수 있는 게 너무 다르니까.
　　　그 안에서는 모든 게 다르게 보이니까요. 우리가
　　　그랬던 것처럼요.

우리가 죽어도 복수해주세요

세일　성매매방지법 제정으로 이슈 터지고 할 때 집결지에
　　　있던 언니들 인터뷰했잖아요. 그때 언니들은
　　　인터뷰했어요?

오리　나도 하려고 대기하고 있었죠. 지역신문에서 집결지

업소마다 한 명씩 각출을 시켰어. 그래서 인터뷰를
하고 뉴스에 보도되고 그랬죠.

세일   무슨 이야기하려고 그랬어요?

오리   무슨 이야기를 하긴요. 성매매 계속할 수 있게
        해달라고 했죠. 업소를 대표해서 업주한테 뽑힌 건데
        다른 얘기할 수 있어요? 근데 줄 서 있었는데 내 앞에
        언니가 인터뷰를 너무 잘한 거야. 그 언니 사연이
        너무 구구절절했어요. "저는 집도 없이 비닐하우스에
        살고 있고, 부모님 다 모셔야 하고, 나는 이거 아니면
        먹고살 길이 없다" 이렇게 한 거야. 기자들은 그걸로
        필요한 이야기를 다 들은 거지. 그러니까 뒤에 줄 서
        있던 우리는 안 해도 됐죠.

당당   나도 그런 이야기했어요. 단속이 너무 심해지니까
        지역방송에서 온 거예요. 업주랑 이야기를 해서
        인터뷰를 하게 해달라고 해서 현관이모랑 몇몇 거기
        있던 여성들 인터뷰를 했어요. 그때 외쳤던 말은
        "감금 없어요. 감금이 어디 있어요" 이거였는데 그
        말에 기자들이 열광을 했죠. 자기들이 듣고 싶었던
        말이니까요. 저는 지역방송이라 사람들이 많이 안 볼
        줄 알았어요. 그런데 아는 손님마다 전화가 와서 "왜
        텔레비전에 나왔냐"면서 물어보는 거예요. 인터뷰할

때 제가 잠옷 입은 뒷모습을 찍었거든요. 음성
변조를 했는데도 관심 있는 사람들은 다 보더라고요.
인터뷰 내용은 '제 꿈은 무엇이고, 여기서 돈을
벌어서 그걸 이루고 싶어요' 그런 거였죠. 그때 뭘
갖고 싶냐고 물어봐서 '컴퓨터를 가지고 싶다'고
그랬어요. 그러면 누가 사주지 않을까 해서요.
방송에 내레이션도 무척 슬프게 나갔어요. 만약에
이름이 은경이면 "은경 씨는 컴퓨터를 배우고 싶다는
욕심을 가지고 있고, 이곳이 아니면 생계를 이어갈
수 없다고 합니다. 성매매가 정말 나쁜 것일까요" 뭐
이렇게. 근데 컴퓨터를 사주는 사람은 없더라고요.
그때 한참 싸이월드 생기고 컴퓨터 게임 유행해서
구매자들이 얘기를 많이 하는데 나는 컴퓨터를 켜고
꺼본 적조차 없었거든요.

오리   내가 마지막으로 있었던 집결지에서 나왔을 때
마음도 심란하고 해서 같이 나온 2명이랑 노래방
가서 노래 부르고 헤어졌어요. 그런데 업주들이
신문에 허위 내용을 주고 그걸 기자가 받아썼어요.
"그날 업소를 나온 여성 3명이 쉼터에 가지 않고
보도방을 통해서 다른 노래방 업소에 일하러
갔다"고요. 성매매방지법이 소용없다는 걸
주장하려고 그렇게 거짓말을 한 거죠. 그냥 거짓말도
아니고 누군가 우릴 미행해서 노래방 간 걸 업주한테

알려준 거잖아요. 그걸 신문은 또 냉큼 기사로 쓰고. 여성들은 업소에서 꺼내봤자 다시 다른 데 일하러 들어간다는 이미지로 만들어놓고, 항의했더니 정정기사는 딱 한 줄 나오는데 그걸 누가 보겠어요. '업소에서 나오게 해줘봤자 소용없다'고 주장하려고 허위 기사 써놓고는 책임도 지지 않는 거예요.

이로   그런 기사가 나오면 사람들은 "그래, 우리 생각이 맞았어"라고 편하게 생각해버리죠. 나는 성매매방지법 직전에 탈업을 했는데 인터뷰 요청이 온 거예요. 너무 사정을 하길래 무서워하면서도 인터뷰를 했는데 뒷모습 찍고, 성매매 업소에서 나와서 잘 살고 있다는 구구절절한 이야기였는데 완전 반대 내용으로 이상하게 나가서 엄청나게 연락이 왔어요. 그때부터는 인터뷰는 피하려고 하죠.

이도   그 사람들이 원하는 성매매 여성은 그냥 둘 중 한 가지 모습이에요. 이거 아니면 먹고살 수 없다며 성매매를 하게 해달라고 울부짖거나, 탈성매매해서 성실히 살고 있다며 뒷모습이 나오거나.

당당   "아~ 이거 좀 약한데 더 센 거 없어요?" 이런 요구하고.

이로   2004년도쯤 궐기대회에 갔었어요, 목숨 걸고.
        갔더니 거기 있는 게 집결지에 있을 때 알던
        삼촌들이랑 다 내가 있을 때 있던 사람들인 거예요.
        그래서 몰래 숨어서 볼 수밖에 없었는데 그날 진짜
        많이 울었어요. 전국에서 버스를 대절해서 왔는데,
        정작 앞에 나서는 건 머리 벗겨진 어떤 남자가 나와서
        "성매매방지법 없어져야 한다" 그러고 여성학자라는
        사람이 나와서 "여성들을 지지해야 한다" 이런
        이야기하는데 정작 언니들은 다 힘들어하면서 앉아
        있는 거예요. 비 맞으면서. 나는 우산이라도 쓰고
        있었는데.

이도   언니들 얼마나 피곤하겠어요.

이로   나도 아직 집결지에 있었으면 내가 원하든 원하지
        않든 언론에 떠밀려서 거기 앉아 있었겠구나 싶었죠.

오리   맞아요. 나도 그때 바로 나오지 않았으면 마스크
        쓰고 시청에 갔겠죠.

이로   지금 여기 있는 우리도 그 안에 있었다면 안 가고
        버렸을 사람이 누가 있겠어요.

세일   억지로라도 가야 하잖아요.

이도　　나는 억지로 갔을 것 같아요.

세일　　성매매 여성들의 이야기를 묶어서 낸 책이 있어요.
　　　　너무 불쌍해서 눈물 없이 읽을 수 없는 이야기들인데
　　　　아쉬웠던 건, 대중이 듣고 싶어하는 피해자다운
　　　　피해자의 이야기, 그저 여성들이 얼마나 불쌍한가만
　　　　그려져 있더라고요. 조금은 다른 방식으로도 썼으면
　　　　좋았을 텐데, 성매매는 마치 불우한 여자의 일생이고
　　　　그 불쌍한 여자가 새로운 삶을 시작하면 끝나는
　　　　개인의 문제인 것처럼 보이는 게 싫었어요.

이도　　2012년에 「당신은 모르는 우리들의 이야기」라는
　　　　극영화 단편을 만들고 인터뷰를 했는데 원고 넘기기
　　　　전에 확인했더니 제목이 두 개로 적혀 있었어요.
　　　　그런데 그중 하나가 마치 성매매 안에 있는
　　　　여성들끼리의 비난과 대결로 보이는 내용이었죠.
　　　　제목을 바꿔달라고 했는데 그대로 인터넷에
　　　　올라갔더라고요. 내가 모든 성매매 여성을 대변하는
　　　　것도 아니고 내 생각을 알리고 싶어하는 건데 늘
　　　　구도는 그렇게 짜이는 게 싫어요.

세일　　우리 이야기가 아니라 기자의 의도대로 글이 써지죠.
　　　　그러면서 당사자들이 그렇게 원한다고 나오고요.

오리   헌재 위헌 관련해서도 인터뷰해달라고 하는 곳이
꽤 있었어요. 개인적으로 하지 않고 '뭉치'라는
이름으로 하겠다고 약속받고 그중 한 곳과 인터뷰를
했는데 그렇게 당부했음에도 불구하고 인터뷰한
내용은 제가 성매매로 유입된 경로랑 업소를 나와서
어떤 상황에 있다는 것만 쓰고 뒤는 학자들 얘기로
덮어서 나갔을 때 정말 짜증 났어요.

세일   오리가 인터뷰한 기사 옆에 콘돔 삼킨 성매매 여성
이야기가 실렸거든요. 뭉치는 언급도 안 되고 그
옆에 "단속 때문에 콘돔 삼켰다"만 과장하는 게 너무
싫었어요.

오리   언론이 내보내는 성매매 이야기에 이미 구도가 짜여
있다는 거 매번 느껴요. '언론의 배신 시리즈'예요.

당당   업소에 있을 때 성매매 여성을 그린 영화를 봤는데
같은 영화를 10번 넘게 봤어요. 보면 볼수록
비참하다는 생각이 들었어요. 그 여자를 보는 사회의
시선이 저렇구나, 저 여성의 끝은 결국 저렇구나,
그게 계속 곱씹어지니까 영화를 보면서 나도 기대할
게 없구나 하고 절망감이 들었죠. 그리고 여자를
납치해서 성매매를 시키는 영화가 있었는데 보면서
정말 욕이 나왔어요. 어디서 멀쩡한 애를 데리고

와서 사채를 쓰게 만들고 그런 스토리를 만들었는지.

세일 한 영화는 그래도 현실이라도 좀 담고 있지만, 또
다른 영화는 완전 비현실적이죠.

당당 비현실적인데 결국 메시지는 같은 거 같아요.
그 여성이 어쨌든 길들여지고 나중엔 보내줘도
찾아오잖아요. 그게 짜증이 난다는 거예요. 그런
영화를 보면서 당사자인 우리는 절망감에 빠져들게
되는데 일반 사람들은 보면서 '성매매 여성들은
저렇구나' 하고 쉽게 생각하게 될 게 싫었죠.

세일 '결국은 밝히는 여자가 되는구나' 그리고 '자기를
팔아먹은 남자를 좋아하는구나' 이렇게 되죠.

당당 매체가 우리의 모습을 만들어요.

이도 성매매 여성이 등장하는 영화는 여자들이 다 죽어요.
또 남자를 좋아해서 성매매를 계속하고, 영화에서는
오히려 업주들이 영웅이고.

당당 영화도 정말 더럽게 만들어요. 왜 성매매 여성들이
죽으면 그건 복수해주는 사람이 없냐고요. 성매매
여성은 죽는 걸로 끝인 거예요. 그런 영화의

이미지 하나, 기자들의 펜 놀림 하나가 얼마나 실제
여성들의 삶에 영향을 끼치는지 알았으면 좋겠어요.

무한발설을 마무리하며

온라인상에서 이루어지는 여성 대상 성 착취의 구조를 낱낱이
보여준 일명 '텔레그램 성 착취 사건'은 '뭉치'의 경험과 결코
다르지 않았다. 구매자들이 원한 것은 결코 성행위가 아니며
도움을 요청하기 힘든 여성들을 대상으로 한 범죄임을 우리는
잘 알고 있다. 성매매 여성에 대한 폭행, 불법 촬영, 그루밍
범죄는 과거에도 오늘날에도 일어나고 있다.

점점 많은 여성이 이러한 피해를 당하게 되는 이유는
'여성에게 그래도 된다'는 인식이 성매매의 일상화와 함께
확산되었기 때문이다. 성매매 현장에서 돈은 권력이고 절대
권력자는 구매자 남성이다. 돈으로 용인되는 폭력들 속에서
성매매 여성들은 어떠한 이유로도 저항할 수 없다. 성매매
현장에서 당사자들은 성적 폭력을 매일 겪고 있지만 대가가
있었다는 이유로 아무도 성매매 여성의 이야기는 들으려 하지
않았다.

'뭉치'는 2006년부터 지금까지 우리가 경험한 성매매
현장, 성 착취 상황에 대해 온·오프라인을 통해 발설하고 있다.
동시에 여전히, 거래라는 명목하에 여성들이 다양한 방식으로
도구화되는 현장을 목도하고 있다. 성 구매 남성들이 가하는
폭력에 허용적이고 성매매 여성의 피해에 무감각한 한국
사회가 더 많은 피해자를 만들어낸 것이다.

이제라도 변화해야 한다. 성매매 여성에 대한 편견을

걷어내고 성 착취 구조를 해체하는 동시에 범죄자를 강력
처벌하여 성 착취가 허용되지 않는 사회를 만들어야 한다.
우리는 한국의 성매매 피해자 보호 지원 체계와 노르딕 모델을
통합한 '성평등 모델'로의 전환을 지향한다.

　이를 위해 '뭉치'는 당사자로서 우리의 역할을 더욱
확장해가려 한다. 다양한 방식의 발화를 고민하며
반성매매운동의 중요한 토대가 되려 한다. 함께 목소리를
내는 비경험 당사자 활동가들을 포함한 지지자들과의 연대가
만들어지기를 희망한다. 또 전 세계에서 활동하는 성매매
경험 당사자들과의 네트워크를 통해 전 세계적인 성매매 여성
비범죄화 활동이 한 걸음 더 나아갈 수 있기를 바란다.

　'뭉치'는 누구도 희생되거나 착취당하지 않는 세상을 위해
행동하고 발설하며, 이로써 사회의 무관심이 만들어낸 견고한
성 착취 카르텔을 무너뜨릴 것이다.

다방　설록다방, 샤넬다방, 길안다방, 대하다방(24시간),
발리다방, 오빠다방, 대명다방, 개미다방, 동성다방
귀빈다방, 민다방, 호박다방, 명동다방, 고영다방,
초이스다방, 119다방, 희다방, 나비다방, 목련다방,
불티다방, 동림다방, 한국다방, 유성다방, 곰다방,
가로수다방, 황금다방, 77다방, 진다방, 팔도다방,
호박다방, 향수다방, 솔다방, 궁전다방, 왕비다방,
수다방, 영진다방, 별다방, 정다방, 문화다방,
74다방, 황실다방, 인하다방, 10다방, 하이트다방,
호박다방, 섹시다방, 별다방, 감로다방, 공주다방,
2580다방, 영동다방, 터미널다방, 바둑이다방,
미인다방, 월산다방, 동양다방, 행운다방, 샘다방,
공주다방, 돼지다방, 호박다방, 초롱다방, 동원다방,
그린다방

조건　모란역, 야탑역, 오리역, 수원역, 신림역, 정왕역,
서울역, 신촌역, 강변역, 원당역, 백석역, 연신내역,
구로역, 신도림역, 송탄역, 수원역, 명륜역, 동래역,
구서역, 중앙동, 신논현역

보도　코코, 99소, 스데이, 사쿠라, 신용

술집　청솔, 노보텔, 무역관, 정인, 호박지바페, 레미안,
프린스, 씨저스, 버킹검, 인터불고, 미국, 로얄,
밀크밀크, 샤넬, 파티파티, 오박사, 당근, 설탕,
호박, 춘자, 플라워, K2, 거인, 리치, 음치, 줄리아나,
이화, 기린, 조선, 파라다이스, 홀리데이, 궁전,
미란다호텔, 도쿄, 아방궁, 라성, 금마, 돌산, 아남,
연도, 코리아시티, 인터불고, 에이스, 보보스,
1학년3반, 모래시계, 빅맨, 보물섬, 왕인, 레드, 영동

189

술3종　　서울막창, 송정리, 유천동, 완월동, 장미마을,
　　　　　　개복동, 성남 중동

집결지　　청량리, 옐로우하우스, 미아리, 신길동, 자갈마당
　　　　　　51호, 김천역, 경주역, 수원역, 선미촌

안마　　　고래

　　　　　　　　　　뭉치들이 경험한 업소 리스트를 적었다.
　　　　　　　　　　절대 잊을 수 없다고 생각했던 업소
　　　　　　　　　　이름이 기억이 나지 않기도 하고, 다닌
　　　　　　　　　　곳이 너무 많아 서글퍼지기도 했다. 업소
　　　　　　　　　　이름을 보면 지역명이거나 명품이거나
　　　　　　　　　　돈 되는 것들이거나 남자들을 위한
　　　　　　　　　　이름이 많다. 조건만남의 경우 주로 역을
　　　　　　　　　　중심으로 한 모텔이었다.

190

우리가 있었던 업소와 지역까지
적었다가 지웠다. '일'했던 곳을
떠올리며 욕이 절로 나온다. 어떤 곳인지
스멀스멀 기억이 올라온다. 우리도 우릴
이용했던 업소, 구매자가 어떤 것들인지
알릴 것이다.

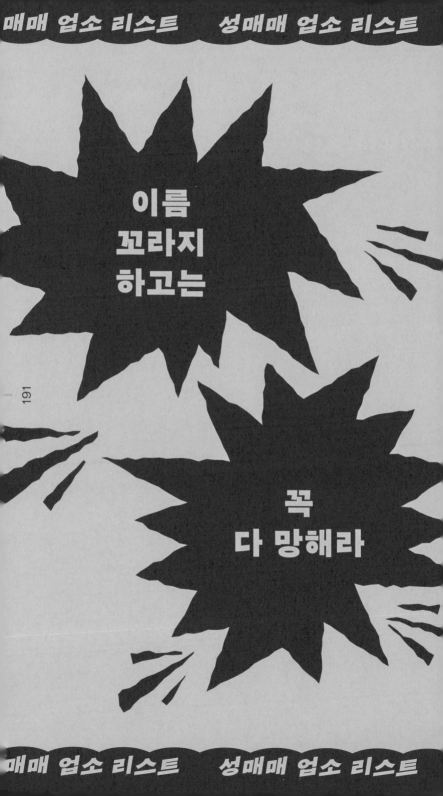

이름
꼬라지
하고는

꼭
다 망해라